STEP OUT
Of Your Comfort Zone

時代に先駆け多様なキャリアから
学んだ「体験的サバイバル戦略」

わが子を「居心地の悪い場所」に送り出せ

小笠原泰

プレジデント社

わが子を「居心地の悪い場所」に送り出せ

時代に先駆け多様なキャリアから学んだ

「体験的サバイバル戦略」

はじめに

わが子の生存確率を高めるために親がやるべきこととは

今の日本社会を象徴する面白い話があります。ある女子大での講義で、「あなたは入社15年目の管理職です。あなたには部下が10人います。1人をリストラしなければならない状況になりました。管理職のあなたは、誰からリストラしますか？」をテーマにグループディスカッションをしたそうです。その回答が興味深い。

普通に考えれば、一番業績が上がっていないコストのかかる人をリストラせざるを得ないという答えが出ることが想定されますが、結果はその逆で、「最も能力の高い人をリストラする」という結論が圧倒的であったといいます。

その理由は、「能力の高い人間はいつかこの職場を捨てるだろう。彼らを職場に引き留め、気を使って大事にしたにもかかわらず、辞めていったときの会社のダメージは計り知れない。とするならば、能力の高い人間を先にリストラすべきだ」であったそうです。

ビジネスに関わる者であれば、事業収益上、「最も能力ある人材をリストラする」という選択肢はあり得ないはずです。しかし、学生たちは、「能力の高い人は自らのレベルをスタンダードにおき、その能力に達していない人をリストラ対象とみる。いつかおそらく管理職の自分も含めてリストラするだろう。だったら、そういう人間こそ先にリストラした方がいい」と考えたわけである、とあります〔*〕。

読者の皆さんは、お子さんにこのような選択をしてほしいと考えるでしょうか。お子さんには、このような選択をしてほしくはないという方々に読んでほしいのが本書です。

筆者は、現在、大学の長期在外研究でフランス南西部のフランス第4の都市・トゥールーズにあるトゥールーズ第1大学の客員教授として研究生活を送っています。Brexitや加盟国での反EUを掲げるポピュリズム政党の台頭といった課題を抱えたEUの主要加盟国であり、マクロン大統領による抜本的な改革を進めようとするフランスに拠点をおいて、「テクノロジ革新と融合したグローバル化」がもたらす国家、企業、個人の間でのパワーシフトとそれが各プレーヤに与える影響について研究しています。

このパワーシフトの中で、個人について考察すると、現在の社会変化については移民問題がクローズアップされがちですが、その変化の本質は、国家極右主義や社会主義を支持するというイデオロギーの問題ではなく、多様化を認め、変化が当然の「開いた社会」を望む（あらゆる変化に可能性を見いだし、国を消極的にしか必要としない）人々と、多様化を認めず変化を拒否する「閉じた社会」を望む（あらゆる変化をリスクに感じ、国を積極的に必要とする）人々の分裂が起きているということです。移民排斥は、その分裂が示す表面的な現象です。

これには格差が背景にあると言う人もいますが、格差は社会が多様化のメリットを認めた当然の帰結とも言えます。エリート対大衆・民衆に代表される少数対多数という、お決まりの対立構図を、政治家やマスコミや学識者は持ち出しますが、もはや現実では、その構図は意味をなさないと思います。

筆者の研究の観点から言えば、「テクノロジ革新と融合したグローバル化」により社会を開いたことで、マクロには個人と企業がよりパワーを獲得する一方、国家はパワーを失ってきています。その中で、先進国では、国家に対してパワーを強めた（自律した）個人と、パワーが弱まり、パワーを減じている国家に依存する、それ以上にパワーが弱まった個人（パワーの低下が止まらない国家は、彼らをパワーの再強化に利用します）への二極化が明確に進行しつつあります。つまり、国家と企業と個人の3者間のパワーバランスが、「開いた社会」を志向する人々と「閉じた社会」を望む人々との間で異なっているということです。

＊ https://comemo.nikkei.com/n/n0a94c203232e

トランプ大統領を選出したアメリカの大統領選挙やイギリスのBrexitの国民投票が示すように、現在この分裂は拮抗していて、自分の陣営により多くの人を引き込もうとする綱引きの状態であるかと思います。パワーが低下する国家は、国家という存在の性格上、より強い主権行使を望むので、コントロールしやすい「閉じた社会」に国民を引き込むことを望みます。

問題は、今後の世界は「開いた社会」と「閉じた社会」のどちらに向かうかにあると思います。自由民主主義思想と市場経済を批判するのは構わないのですが、日本やイタリアを見ればわかるように、急速な少子高齢化の中で、経済力が弱まり、パワーが減じていく国家は、果たして「閉じた社会」を望む人々を救えるのでしょうか。アメリカを「閉じた社会」にしようとするトランプ大統領ですが、巨大なアメリカ市場を盾にしているので、一時的には「閉じた社会」の勝利を宣言するかもしれませんが、その結果、アメリカは決定的に分断されるでしょう。2018年の中間選挙で、民主党が下院で勝利したのは、これを決定づけたと言えるでしょう。

強いアメリカを主張するトランプ大統領ですが、かえって、アメリカはイノベーションという成長のモメンタムを失い、国際社会での強さ、そして、権威さえも失うのではないでしょうか。読者はお子さんの将来を考えた時に、お子さんが「開いた社会」と「閉じた社会」のどちらに向かってほしいでしょうか。そして、「閉じた社会」を望むとしても、その社会は本当に維持されるのでしょうか。

はじめに　わが子の生存確率を高めるために親がやるべきこととは

この本を書いた理由は、自分のお子さんが「開いた社会」に向かってほしいと思う読者に向けて、どのようにすれば、お子さんは、今の「閉じた日本社会」からグローバルな観点での「開いた社会」に向かえるのかをお伝えしたいからです。

労働力不足を理由に事実上、移民受け入れを認めたと言われる今回の「改正出入国管理法」の国会通過をもって、日本は「開いた社会」になったと思われる読者もいらっしゃるかもしれませんが、それは違います。この法案をして、政府は、都合よく、外国人を「単身で、いつか必ず帰る、非熟練の外国人労働力」として受け入れるので大丈夫と言っているのですが、これをもって大丈夫と言うこと自体、日本が「閉じた社会」に向かっていることの表れです。ドイツでのトルコ移民の失敗例でもわかるように、受け入れるのは、労働力という「モノ」ではなく、「人」であるという観点の欠如は、日本社会に将来大きな代償を払うことを迫るようになるのではないでしょうか。

筆者は、20代の終わりから合計で10年以上、海外での生活を繰り返し送ってきました。アメリカを皮切りに、現在のフランスが5カ国目になります。すべて欧米のOECD加盟国ですが、その間にアメリカの大学院で学び、その後、ドイツやアメリカの大企業に勤め、現地で働き、アメリカの本社からの出向でオランダやイギリスでも働く機会を得ました。

ワイフの仕事の関係で、久しぶりに日本に帰ることになりました。今度は典型的な日本企業が設立したコンサルティングファーム（会社）のパートナーとして勤務しましたが、その間もOECDの委員などで頻繁に海外を訪れてきました。この意味で、筆者は、根っからの「開いた社会」の住人です。

しかし、帰国子女ではないので、20代の後半で自らの意思で「開いた社会」で生きることを選んだと言えます。なぜかと言えば、今振り返れば、目の前の世界を広げ、選択肢を増やし、自分の可能性を見極めたかったからだと思います。

別の言い方をすれば、異なる角度から世界を見ることからの学びと、その刺激が好きであったのだと思います。本文でも触れますが、子どもはオランダで生まれ、それ以降、可能な限り海外との接点を維持し、異質性というものを理解できるようにしてきました。つまり、多様性が前提の「開いた社会」に向き合うように育ててきたつもりです。

当然、問題もありますが、筆者は自分の経験を通して「開いた社会」の持つ革新力、活力、包摂力、良い意味での競争精神を実感してきました。その一方で、「閉じた社会」を志向する現在の日本社会が急速に活力を失ってきていると感じています。

バブルの崩壊後に始まったのですが、日本は、階段を駆け降りるように世界（主に欧米）から相手にされなくなっています（最近、増加する訪日外国人の圧倒的多数は、台湾や香港を含む中国、韓国を筆頭とするアジア人です）。国内で、自ら日本を褒め、最近は「ガイジン」を使って日本を褒めざるを得ない自慰的状態です。今回の日産自動車におけるカルロス・ゴーン氏の逮捕は、日本は、やはり近代法の基本原理である推定無罪を認めない前近代的社会であると注目を浴びましたが、望ましい注目ではないですね。

戦後から高度成長時代にセットされた、能力は関係なく、努力は誰にでもできることであり、その努力はいつか必ず報われるという政府の教えが、バブル崩壊を経て、ここに至り、もはや機能しない（破綻した）ことが明らかになってきました。「そんなはずではなかった」と多くの国民が思い、成功者をみると、なにかズルイことをして儲けたに違いないと妬むようになっています。少子超高齢化と人口減少によって、もはや経済の成長は望めず、巨額な財政赤字を抱える中、負の再分配が行われるようになる中で、この傾向は強まっています。

そこで、皆で貧しくなり、いら立ち、他人への許容度を失い、槍玉を探してガス抜き（解放された安田純平さんに対する自己責任論もその一つ）をし、結果、何事も駄目と規制する（最近では、経団連の就活指針の廃止を逆手にとり、国家主導で規制を強化しようとしていることなどが、その一例です）相互猜疑社会に向かっています。寛容（トレランス）を失い、「優しいはず」の日本社会は、急速に「優しくない」社会へ向かっています。

筆者には、今の状態が望ましい状態とは思えませんし、大学教員という職業柄、学生個人のことを考えると、個人の自由意志と自分の才能による可能性の追求をつぶす方向に逆走する現状を肯定することはできません。筆者が50歳で大学教員に転身した（もともとの人生設計ではありますが）のは、今までの経験を整理し、グローバルな観点で、多様化した「開いた社会」とは何か、そこで生きるとはどういうことであるかを若い世代に伝えたかったからです。

話題を私の研究テーマである「テクノロジ革新と融合したグローバル化」がもたらす国家、企業、個人の間でのパワーシフトと、それが各プレーヤに与える影響の観点に戻しますが、**現在の日本の状況は、「生き残るためには急速に変わらざるを得ないことを理解し、変身を始める合理的な企業」と「変わりたくない、変えてはいけないと悪あがきをする国家」、その狭間で「リスクテイクの判断を迫られる、変わらなければいけないと思いつつ、体が動かない個人」といった構図である**と思います。

この構図の中で最初に大きく動くのは、やはり生き残りがかかった企業です。その表れの一つが、経団連の中西宏明会長が、大学生の新卒一括採用のために存在する就活指針の廃止を正式に決定したことです。その背景には、中西会長の発言でも明らかなように、グローバル化し、多様化する市場での競争を生き抜かなければならない日本企業は変化しなければならないので、当然、採用も変化、多様化せざるを得ない、そして、大学教育も変わらなければならないということがあります。

これは裏を返せば、戦後からバブル崩壊まで成功してきた国家主導の「閉じた社会」で、同じような考え方をする人間を育成するという（実は、これは国家にとって管理しやすい）方法が機能しなくなってきたことを意味しています。しかし、国はこれを認めたくはないのでしょう。そもそも多様化は、国を一つの組織と考えれば、国家としては、歓迎できるものではありません。不安だとは思いますが、読者が親として、また、お子さん自身が、この就活指針の廃止を混乱と捉えるか、多様化の始まりと捉えるかで、お子さんの将来は大きく異なると思います。

グローバル化とは多様化へと向かう世界のことです。そして、多様化に向き合うとは、自分の意見や考えをしっかり持つということ、つまり、判断基準は他でもない自分自身であるということを理解することであり、そもそも人と比べることが意味を持たないということです。

自分の意見や考えがしっかりしていなければ、当然不安に陥ることになるので、多様化へ適応するには、その不安を克服する強さが求められます。今、日本で盛んに言われている弱者を社会に抱合することは歓迎すべきことではありますが、多様性の核心ではありません。余談ですが、社会が完全に多様化すると多様化という表現はなくなります。

しかし、日本においては、多様性が本質的に意味するところを教育しないので、学生たちは多様性の意味を理解しているとは言い難い状況ですし、政治家やマスコミが盛んに多様性が重要であると喧伝していますが、これは内実の伴わないただの掛け声に過ぎないというのが日本の社会の現実と言えるでしょう。多様性は重要だと言いながら、実際は多様化することは好ましくない、多様性は嫌いだというのが日本社会であると言えるかもしれません。

就活する学生たちが、他人と違うことは心配なので、みんなで個性のない同じリクルートスーツを着ながら、面接では、ことさら自分がいかに他人と異なり、個性的であるかを語ろうとすることと本質は同じであると思います。外から見ると、これは滑稽ではないでしょうか。

就活指針を廃止すると、一時的な混乱は起こるでしょうが、それは不可逆なグローバル化への適応のためのコストと言うことができます。コストを払うこと無しにベネフィットは得られません。そして、一時的な混乱の時期を経て就活ルールは自然に決まっていきます。つまり、新たな自然発生的秩序が必ず生まれるのです。それが社会というものです。就活指針の廃止はリスクかもしれませんが、リスクを取らないことは、それ以上のリスクであることを肝に銘じてほしいと思います。

経団連が、就活指針の廃止を決定したことが、より多くの学生が、多様化を認め、個の力を解き放つ時であると思うきっかけになればと思います。

読者のお子さんが、「閉じた社会」で日本人という「モノ」に合わせるのではなく、グローバルな「開いた社会」で、各自で日本人である「コト」を実践することが日本人の多様化の第一歩であると思っています。

本書が読者のお子さんの力を多様化する「開いた社会」で解き放てる一助となれば幸いです。

目次

第2章 世界での存在感が低下、「内向き」になりつつある日本の社会

2 世界を舞台に生き抜いていくためにどんな能力を身につければいいのか

第3章 変化やリスクに対する耐性

――日本人といない時間をつくる

第4章 競争を面白がり成長を求める姿勢——何事も「楽しく」ではなく「面白く」

第7章 「ギロン」する能力——相手の異なる意見を認めることから始める

おわりに

わが子の可能性を広げ「開かれた未来」にするために

第１部

わが子が生きていく未来、世界、そして日本はどんな姿をしているのか

第1章

「デジタル・テクノロジ革新に主導されるグローバル化」という現実

変化に適応できなければ敗者となる

Google、Apple、Amazon。家族も含めて読者の多くは、毎日、これら企業の製品やサービスを利用していると思います。何をいまさらと思うかもしれませんが、この3社は、ロンドンに本社を置くブランドファイナンス社が発表する「ブランドファイナンスGlobal500」の2016年版と2017年版の上位3社です。いずれもITテクノロジを核とする新興企業であることが着目ポイントです。

私たちの日常にあまりにも浸透しているため、つい見過ごしてしまいがちですが、現代は、卓越したデジタル・テクノロジに支えられたサービスが登場すれば、瞬く間に全世界に広がり、世界中の人々が「コンシューマ」として安価にベネフィット(恩恵)を享受できる時代です。より正確には、デジタル・テクノロジは容易に国境を越えることができるので、国境の概念が意味をなさない時代と言うことができます。

国境の概念にかたくなにこだわるのは国家であり、デジタル・テクノロジには関係がありません。また、このテクノロジは、「より良く、より速く、より安く」を可能とするので、コンシューマの立場として、この便利さを利用しない手はないと考えるのは当然のことではないでしょうか。

一方、「ほどほど良い」サービスを提供している企業の「ワーカ」たちは淘汰されるか、もしくは運が良ければ勝ち組サービスの補完的作業を低賃金で請け負う作業者となるでしょう。しかも、この補完的作業ですら、発展途上国を含めたグローバルなワーカたちとの競争に勝ち抜かなくては獲得できませんし、仮に獲得できたとしても賃金はますます低下傾向となります。ワーカにとっては、非常に熾烈な競争の時代となるのです。

デジタル・テクノロジ革新が進み、デジタル・テクノロジが主導するサービスが優位になると、私たちの生活は好むと好まざるとにかかわらず、グローバル化の波に巻き込まれていきます。コンシューマであると同時にワーカである私たちにとって、この変化に「対応するか、しないか」の選択権はなく、変化に適応できなければ淘汰されるだけなのです。

この流れにあらがうのが懐古主義と国家主権を強調したトランプ大統領であり、Hard Brexitであると言えます。読者の皆さんは、トランプ大統領の政策とHard Brexitに勝ち目があると思われますか。

しかも、変化のスピードは従来にない速さで加速してきています。この急速な環境変化への適応を諦めることは、すなわち、古代に一度陸に上がりかけながら、適応化を諦めて海に戻り、深海にもぐったシーラカンスの現代版になるに等しいと言えるでしょう。

異なる環境に個別適応したガラパゴスの生き物とは異なります。「昔は良かった」とか、「価値観が多様化して、古き良き伝統（伝統という表現を使った時点で変化への拒否が前提になります）が壊れていく」など、どのような理屈をつけてみても、結果として環境適応ができなかったのであり、それはすなわち取り残される者であるということです。

本書は、このようなデジタル・テクノロジに牽引され、加速的に進行するグローバル化の中で、どうしたらお子さんの生存確率を高められるかを考えるためのヒントを提供することを目的としています。

お子さんに読ませるには、少し難しい内容が含まれているかもしれませんが、もし知らない言葉やわかりにくい箇所があったとしても、まずは自分の頭で考え、知らない言葉はググって読んでほしいと思います。残念ながら、親子で、「手っ取り早く、簡単に能力を高めたい」、「正解が欲しい」と思った時点で、逆にお子さんたちの生存能力は退化すると思った方が良いでしょう。

「グローバル化」は「国際化」ではない

ここでひとつ質問です。あなたは「国際化」と「グローバル化」の違いを説明できますか。おそらく悩む読者が多いのではないでしょうか。

無理もないと思います。日本では、学校やマスコミを含めて社会全体が、「国際化（インターナショナル）」はもはや古くさいので、これからは「グローバル化」という言葉を使おう、という程度の認識しかないのですから。

往々にして、日本人が使う英語が発祥の言葉（訳語やカタカナ）の意味を紐解くときは、英語に立ち戻って考えるとヒントがあります。internationalizationはinter（接頭語で「中・間・相互」）とnation（国家）に分解できるので、「国際」は訳語として適切です。

一方、globalizationには、globeが「地球」であることからもわかるように、「国家」の概念はありません。これが両者の大きな違いです。

ちなみに、日本語にはglobalizationの訳語はなく、「グローバル化」というカタカナを当てているのですが、これが「国際化」と「グローバル化」の混同の元凶です。カタカナは便利ですが、その意味を考え、正確に理解していなくても使えてしまうという大きな欠点があります。

その点で、Computerの訳語に「電脳」を当てた中国人のセンスはさすがです。「コンピュータ」よりも「電脳」の方が、その意味を明快に類推できるのではないでしょうか。意味を正確に理解しなくても使えてしまうカタカナの欠点は、complianceのようなモノではない概念にまで及びます。「法令・規定順守」という日本語ではなく、正確な意味を理解しないで、安易にカタカナの「コンプライアンス」を使うのは、その典型と言えるでしょう。ちなみにglobalizationの中国語訳は「全球化」であり、これも非常にうまい訳語であると思います。

国家を前提に置く「国際化」と国家を前提に置かない「全球化＝グローバル化」の違いを理解した上で、なぜ世界で「国際化」に代わって「グローバル化」を使うようになったのかを考えると、重要なことが見えてくるのです。

「グローバル化」は「進歩」ではなく「進化」である

「グローバル化」という、国家の存在を前提におかない、つまり、国家・国境の意味が急速に失われてきている時代においては、仮に国家、すなわち政治家と官僚が「他国との交流を制限しよう」と考えたとしても、コントロールは効きません。デジタル・テクノロジとともに、人・

製品・金（資本）・情報が、国家のコントロールを超えてどんどん流入し流出します。「国際化」のような選択権のある「進歩」ではなく、「グローバル化」という選択権のない「進化」の時代に突入したことを、まずは肝に銘じてほしいと思います。

世界全体のGDPは、「デジタル・テクノロジ革新に主導されるグローバル化」によって急速に拡大していますが［*1］が、その中で成長の鈍化している先進国では、グローバル化に抵抗する動きが顕著となってきています。

イギリスのHard Brexit、アメリカのトランプ大統領誕生に始まり、先進国で起きている反グローバル化の支持者は、グローバル化は進歩（自分の意思でコントロールが可能）と捉えているようですが、「デジタル・テクノロジの進歩と融合したグローバル化」によって、世界がここまで相互結合と相互依存を深める中で、支持者の望んでいる一国中心主義に回帰することは現実的には難しいと言えます。

加えて、反グローバル化の支持者のプロフィールを見れば、彼らが「古き良き時代」を支えたことは確かだとしても、グローバル化という変化についていけず、置いてきぼりになりつつあることは明らかです。今後、国家間の競争が企業間競争並みに厳しくなる中で、彼らを国策

*1 http://www.rist.or.jp/atomica/data/fig_pict.php?Pict_No=01-07-02-16-03

の中心に据えて国家間競争を行うことが、賢明で勝算がある選択かどうかは、大いに疑問のあるところです。

筆者は、反グローバル化の流れの潮目は早晩変わり、最終的には「グローバル化」が「進歩」か「進化」かの答えが出ると考えています。イギリスの総選挙での保守党の敗北により、Hard Brexit の実現が極めて難しくなったことや、2017年のフランスの大統領選で、当時39歳のマクロン候補がポピュリストであるルペン候補を破ったのは、その現れの一つではないでしょうか。

当初のEUからの離脱交渉の合意期限である10月を先延ばしするなど、Brexit の行方は混迷を極めています（1回目は国会で否決されたので、まず、EUが離脱期限の延長を打診するのではないでしょうか。また、そのままでは、合意無しの離脱という大混乱になることを真剣に憂慮し、政治家は名ばかりの修正案を承認して、結果、現在の合意案で Soft Brexit となり、現状と大きな差は生まれないとも考えられますが、どうにもならなければ、再度の国民投票実施かと思います。そうすると、アメリカ同様にイギリスでも分断が明確化します。まさに、DIVIDED STATES に続く、DIVIDED KINGDOM です）。

また、トランプ大統領は、支持者向けの強気の発言で話題は提供しますが、強硬な関税政策にしても竜頭蛇尾の感がぬぐえず、現状では、財政赤字を無視した大型減税以外には、大きな実績を残すことはできていませんし、中間選挙の結果でも、共和党が多数派であった下院で野党の民主党が過半数を獲得しました。ポピュリズムをまとった反グローバル化の流れが席捲したのではなく、グローバル化の支持者と反対者による社会の分断が明確化しただけです。

筆者は、このグローバル化と反グローバル化の流れは、しばらく均衡する、つまり、社会の二分化の状態が続くと思います。しかし、競争の観点と、その支持者の違いから見るに、もし先進国が一致団結し、国境の壁を高くし、資本や人の移動を規制し、テクノロジの進歩を抑制し、グローバル化を大幅に抑制できれば別ですが、国家は必ず自国の利を優先するので、先進国の一致団結は現実的ではなく、最終的には、グローバル化の流れが優勢になると思っています。その意味で、読者の皆さんは、どちらのサイドにお子さんを入れるかの判断を迫られているのです。

つまり、「デジタル・テクノロジの高度化と融合したグローバル化」という「進化」は、好むと好まざるとにかかわらず、私たちに環境への適応を迫り、適応できなければ淘汰されるだけなのですが、これを認めるかどうかです。

適応するべき進化としてのグローバル化で厄介なことは、環境が変わる、つまり、前提が変わることです。ですから、旧来の価値観に縛られることはリスクを伴います。

身近な例では、いまだ大企業信仰が強く年功序列を脱しない日本においても、実は「偏差値の高い大学に行き、勉強しなくても卒業して大企業に就職してしまえば人生安泰」という勝利の方程式が壊れてきています。これだけ聞くと、学校の勉強が嫌いな学生には朗報と思えるかもしれませんが、そうではないのです。偏差値とか大企業とかいう共通の物差しが消失してきているということは、人生の「正解」がなくなってきているということです。自ら、自分の生存領域を見定め、そこでの生存能力を高めなければならない時代であるということなのです。

グローバル化への適応といっても、その方法は千差万別であり、最初から正解があるわけではありません。適応できるかどうかは結果でしか判断できず、しかもそのハードルは上がってきています。今、分かっていることは、習うべき先例はなく、現状維持では適応できないということです。

「デジタル・テクノロジの高度化と融合したグローバル化」を「進化（グローバル化は不可逆でコントロールが困難）」と捉えて、自分はどのように環境変化に適応するかを考えた方が、生存確率は高まるのではないか、ということです。

環境変化への適応努力をしても、必ず成功するわけではなく、失敗するかもしれません。しかし、何もしなければ適応できず、淘汰される可能性が高いのです。だとすれば淘汰されて後悔するよりも、グローバル化を直視し、建設的に対峙し、生存をかけた試みを行い、その試みを繰り返した方が良いのではないでしょうか。

これを楽のできない厳しく暗い社会と捉えるか、**厳しいけれども面白くワクワクすると考え**

るかが分かれ目です。別の言い方をすれば、あらゆるチャンスに困難を見いだすか、**あらゆる困難にチャンスを見いだす**かの態度の持ち方の違いとも言えます。読者の方々は、お子さんにどちらの考え方を選択してほしいでしょうか。

筆者は、**試みを繰り返した結果、たとえ当初のイメージと異なる人生になるとしても、その試み自体が有意義である**と考えています。ただし、自分自身の人生が良いものであったと思うかどうかは、人生の最期にならないとわからないものでもありますが。

「グローバル化」の本質とは何か

そもそも、「グローバル化」とは何かを少し考えてみましょう。

「グローバル化」を簡単に定義すれば、資本とテクノロジによる国境を越えた世界のネットワーク化に伴う「取引コスト（経済学でいえば、検索コスト、契約コスト、履行コストになります）」の劇的な低減であり、地球規模で距離と時間と空間が圧縮される現象を指すと言うことができます。言い換えれば、国家が独占的に管理をしていた国境という境界、壁の意味合いが急速に低下し、資本と企業と人・モノ・情報が容易かつ頻繁に国境を越えて移動することを意味します。

そして、この圧縮は、経済・政治・社会領域での相互結合と相互依存を、地球規模で継続的に強化するという形に反映されていきます。その影響は文化の領域にも及びます。このネットワーク化の強化によって、リスクを含めた取引コストが大幅に抑制されることになるのです。これが、グローバル化を推進する原動力となります。

英語が共通言語化するのも、傲慢なアングロサクソンによる押し付けなどではなく、この取引コストの低減の観点からの要請であると理解すべきでしょう。自国言語を維持することと英語を共通語として受け入れることは、二律背反の問題ではないのです。

筆者の経験からすると、**海外に行って、英語ができることによる自信、つまり、相手に対する気持ちの優位性、言い換えれば「どんな相手とも対峙できる気構え」を持てることは、グローバル化する社会に出て行く上で、極めて重要**です。

グローバル化が進む中で、相互結合と相互依存関係が強化されると、中国やロシアですら、一国での自給自足経済を行うことはできないのが現状です。これは、自国経済にのみ目を向け、EUからの離脱を強行しようとしたギリシャの混乱の例を見ればわかるように、国民に非常に大きな犠牲を強いることとなり、政権を維持できなくなるリスクを伴います。

再選を果たし、強気を見せるプーチン大統領ですが、グローバル化から阻害されたロシアの経済状況はかなり危機的であり、国民の不満も強い状況です。これを知っている聡明なプーチン大統領は、アメリカ、イギリス、フランスでの混乱を歓迎している（関与も囁かれていますが）はずです。なぜなら、欧米諸国の混乱は、相対的にロシアの力を強めることになるからです。

また、自国中心主義を掲げ、自給自足が可能であった１９６０年代の黄金時代のアメリカに戻ろうとするトランプ大統領は、就任以来、過激な発言を繰り返しますが、内政的に行き詰まり、シリアへの軍事行動と、北朝鮮のキム・ジョンウン委員長との2回の会談といった目先の花火的な外交実績以外に、これといった成果のないことを見てもわかるように、まさに綱渡り状態です。トランプ大統領を支持した人々も一枚岩ではないので、支持者それぞれにいい顔をしたいトランプ大統領は、結果として、政策の一貫性を担保することはできません。

鉄鋼業界にいい顔をしようとして中国を標的に鉄鋼の関税を引き上げようとすると、中国がアメリカの農産物に関税をかけるので、それをなだめるために、今度はＴＰＰに賛成の農民に媚を売ろうとＴＰＰ離脱の再考を口にするという具合です。

また、関税を上げてアルミ業界にいい顔をすると、アルミの値段が上がりソフトドリンクなどの値段が上がって消費者の不興を買うことになります。中国に仕掛けた貿易戦争と、鉄鋼とアルミの関税引き上げは、結果、中国市場の冷え込みとコスト高を招き、ＧＭの北米5工場閉鎖発表として、トランプ氏の支持基盤に跳ね返ってきています。これを受けて、トランプ大統領は慌てて、補助金をカットするとか、中国生産をやめてオハイオに工場を建てろ、などと、できるわけのないことをＧＭのバーラＣＥＯに言ったそうです。ＧＭのようなケースは他にも出てくるでしょう。

国を閉じて、アメリカだけのメリットを追求することには無理があります。中間選挙前に実績の欲しかったトランプ大統領なので、中国に関税強化で過剰な圧力をかけました。予想に反して中国が折れないので、矛先を日本に向けようとしていますが、それもうまくはいきません。当然ですが、中国製品への関税引き上げはアメリカの消費者物価の上昇を招きます。そもそも、関税を払っているのは中国企業ではなく、アメリカ国民です。イランの原油に対する輸出規制も、同盟国内で例外をつくらざるを得ず、竜頭蛇尾状態です。これでは強いアメリカの再来にはなりません。

この意味で、冷戦が再来する可能性は、極めて低いと言えるのではないでしょうか。そもそも冷戦のために軍拡競争をする経済的体力は現在のロシアにはありませんし、中国は、海外資本を無視した閉鎖経済は不可能なことをよく知っているので、むしろ自由貿易の尊重を強調しています。

国家の力は低下、企業や個人の力は上昇

実は、グローバル化は今回が初めてではありません。

現在の「グローバル化」に先立つ「グローバル化」は、19世紀の大英帝国という覇権下の自由貿易帝国主義の時代に起こっています。鉄と蒸気機関（鉄道と蒸気船）が牽引した世界のネットワーク化です。

覇権とは、支配者・優位者が、被支配者・劣位者に対し、政治的な合意や文化的同調の強要、利益供与などにより指導性を確立し、安定した支配を維持することを指します。広大な領域をネットワーク化するという、ある意味では不安定な状況を、覇権によりコントロールしたわけです。

この「グローバル化」は、大英帝国の衰退により終焉を迎えます。これを引き継ぐ現在の「グローバル化」は、1989年の、ベルリンの壁崩壊に象徴されるソ連の解体（1991年）による冷戦の終焉がもたらした、アメリカの覇権の確立に端を発しています。

冷戦の終焉以降、アメリカの覇権の下、国境による制約を解かれた資本が牽引する形で世界のネットワーク化が加速します。冷戦という対立構造が消失したことで、覇権国家の権力に替

わり、経済（市場、資本、企業）が、政治的不安定を抑制する調整弁として機能したわけです。これが今日につながる「グローバル化」です。

車や飛行機、コンテナ輸送など、冷戦以前から進歩を遂げてきた物理的な移動技術に加えて、世界を論理的にネットワーク化するインターネットに象徴されるICT（情報通信技術）といったデジタル・テクノロジが、「グローバル化」をさらに加速させている点が最大の特徴です。

CPU（演算機能）、ストレージ、ネットワークの指数関数的進歩に支えられたデジタル・テクノロジの急速な革新の下、物理的ネットワークと論理的ネットワークの融合が急速に進みつつあります。Uber や Airbnb は、この融合の最新の事例でしょう。IoT（モノのインターネット）も、この融合の一つの象徴と言えます。

現在の「グローバル化」は、加速的に進歩するデジタル・テクノロジが主導する様相を強めており、留まることのないテクノロジの進化が、さらに「グローバル化」を推し進めます。この意味でも、現在の「グローバル化」は、われわれにとって選択権のない進化環境であると言えるでしょう。

そして、周知のとおり、デジタル・テクノロジは、もはや国家が独占するモノではなく、個人や企業にも等しく開かれた民主的なモノなので、テクノロジに主導される現在のグローバル化は、国家に対する市場、資本、企業の力と個人の力（金融／投資への参加、情報の発信と取得、意思決定）を急速に強めています。フランスで話題になった中心組織を持たないGilets jaunes（黄色い蛍光ベスト）運動は、この一例でしょう。

デジタル・プラットフォーム（インターネットに始まる検索、SNS、スマホ、オープンソースのアンドロイド、3Dプリンターなど）の出現によって、個人レベルで企業と同等のことが、より効率的に行えるようになってきています。つまり、テクノロジの急速な進歩により、より少ない資源でより多くの成果を得ることが可能になってきているのです。現在の状況は、読者のお子さんである、今の若い世代には当たり前のことかもしれませんが、ほんの10年から20年前と比較すると、驚くべき変化ではないでしょうか。

インフラとプラットフォームの違いとは

ここで、デジタル・プラットフォームを使いこなす術を身につけるために、インフラとプラットフォームの違いを考えてみましょう。

従来のインフラとは、

1 国境を前提とし、公主導の規制が前提である
2 整備するものであり、de jure（法律で決める）ないしはトップダウンで進められる
3 縦割りで排他的かつ閉鎖的である
4 ユニバーサルサービス的であり、フリーライダーを排除するために、独占的で競争を排除するゼロサムの原則を基本とする
5 提供価値は一定であり、効率（価値一定）に主眼が置かれ、規模の経済性を重視する
6 負のフィードバックによってコントロールされる
7 その性格は、静的・線形的・収斂的である
8 外部環境の変化に対しての適応が非常に緩慢であり、サービス機能の向上はあるが、基本的に淘汰されない

と捉えることができます。

一方、昨今急速に存在感を増しているデジタル・プラットフォームとは、

1 国境を前提とせず、民間主導であり規制を前提としない
2 自生するものであり、de facto（事実上の決定）が原則である
3 横断的かつ重層的であり、柔軟かつ開放的である
4 選択的であり、ネットワークの外部性が働き、競争を前提に置くプラスサムの原則を基本とする
5 効果（価値設定とその向上）に主眼を置き、新たな価値を生むことを重視する
6 正のフィードバックであり、コントロールはできない
7 その性格は、動的・非線形・（有界において）非収斂的である
8 外部環境の変化に対しての適応のスピードが速く、進化の過程で淘汰される可能性がある

と捉えることができ、インフラとは全く性格を異にするものであると言えます。

この違いを理解した上で、デジタル・プラットフォームの最新の動向に対する感度を高め、いかにプラットフォームを活用するかを常に考えておく必要があります。

これを前提として、お子さんの専攻が文系であろうが、**テクノロジに関してのリテラシーを**

高めるために、最新の知識をカバーしておく必要があります。**10代〜20代**（**大学生であれば1年次**）**の時にプログラミング、アルゴリズム、コンピュータサイエンス、統計、微分積分などの基礎的な知識を習得する**べきでしょう。

もう国には頼れない

アメリカの覇権の下で始まった「グローバル化」は、デジタル・テクノロジの加速的な進歩を背景に、その性格を変えつつあります。アメリカが主導する国家システム・イデオロギーの勝利を高らかに謳った、フランシス・フクヤマの『歴史の終わり』（1992年）がもてはやされたことを記憶している読者も多いのではないでしょうか。

しかし、大英帝国と違い、アメリカの覇権は、ソ連消滅による結果的なものであり、皮肉にも強力な軍事力、政治力、経済力など、俗にいうハードパワー（自らが望むところを相手に強制する力のことで、冷戦の時代には機能した）による安定維持はもはや十分に機能せず、その安定の源泉は、国境を越えて機能する金融資本、金融市場（企業の力）の拡大に移行していったと言えるでしょう。

資本は、その性質上、国境という概念とは無縁であり、金融資本の拡大の結果として、アメリカという国家の覇権を弱体化させるに至ったと言うことができます。

故に、冷戦終了後、ハードパワーに替わってソフトパワー（自らが望むところを相手に望ましいと自発的に思わせる力）という概念が迷えるアメリカから出てくるわけです。冷戦の終焉から四半世紀、国境の存在感の低下とともに、アメリカの覇権は徐々に低下しつつあります。アメリカだけではなく、国家一般のパワーが低下してきているのです。

かつて、世界の警察官を自認したアメリカが集団的自衛権を唱え、トランプ大統領がアメリカは世界の警察官ではないと言い出す時代です。最終的なアメリカの覇権維持の戦略は、中国との共同覇権でしょうが、それも、アメリカの期待するほど強力なものではないでしょう。

この共同覇権に至る文脈で、ソフトパワーはハードパワーとソフトパワーの折衷のスマートパワーと言い換えられ、ハードパワーが再評価されていますが、トランプ大統領が信じているハードパワーへの回帰は口先だけであり、実現できているとは言えないでしょう。

皮肉ですが、国際社会で、疑問符の多いトランプ大統領の過激な発言は、アメリカのソフトパワーを大きく減じる結果となっているので、アメリカにとっては、行使するのが難しいハードパワーが相対的に重要になってきています。現在のトランプ大統領は巨大なアメリカ市場（ハードパワー）を盾にゴリ押しとも言える交渉をしています。それをトランプ大統領はディールと呼びます。

また、中国を見ても、軍事力強化を掲げ威勢はいいですが、中国の単独覇権は、その実効性において極めて乏しいと言えます。国際金融市場に見放されたら、中国経済は維持できないことは明白です。それ故のアメリカとの共同覇権構想ですが、その覇権も、弱体化するのではないでしょうか。

国家のパワーが機能しない「グローバル化」の中で、「グローバル化」が進めば進むほど、個人と資本（企業）の移動を制限できず、情報の独占・管理ができない主権国家は、上方統合という主権の制限（EUをはじめ、G7、G20、裁定権を持つWTOなど）と、下方分散という主権の細分化（イギリスからの離脱の動きを強めるスコットランド、スペインのカタロニア、分裂がささやかれるベルギーなど）の圧力に直面し、その力を減じていくことになります。

昨今のポピュリズムを背景として、イギリス、アメリカ、フランスといった国家は、ナショナリズムを煽って国家主権の回復を唱え、そのパワーの減衰に強い抵抗を示していますが、むしろ、アメリカでは、今回の選挙の結果、国民の分断が明確になってしまい、逆に国家への下方分散の圧力が強まるかもしれません。

また、フランスの国力の強化を志し、抜本的な改革を目指したマクロン大統領ですが、彼の「Changeons ensemble（国民皆で変わろう）」というスローガンもむなしく、パリをはじめとして、暴動を繰り返すGilets jaunes（黄色い蛍光ベスト）運動への譲歩によって、国家の威信は低下し、社会は分断に向かっています。

国家の力の減衰は、市場と個人の力の強化によってもたらされた相対的なものであると言えます。アメリカも中国も、この例外ではないのです。主権の単独行使が困難になりつつあり、権力（パワー）の縮小均衡に直面する主権国家は、最終的に集合（すでに集団的自衛権と集団的課税権が現状）して主権の行使権を維持する（集団的主権）のでしょうが、国家の権力（パワー）を支える実質支配力と権威を見るに、実質支配力の低下もさることながら、権威の低下が急速に進みつつあります［＊2］。

これにあらがっているのが、トランプ大統領を筆頭とした、ナショナリズムを利用するポピュリスト政治家といわれる人々です。しかし、トランプ大統領を見れば明白ですが、彼が支持者内での自分の権威を高めようとすればするほど、国際社会でのアメリカの権威は低下します。日本においては、2020年の東京オリンピック・パラリンピックの国立競技場の建設見直しに関して、「計画変更は国家の威信にかかわる」と菅義偉官房長官が声明を発しましたが、その声明もむなしく、計画は全面白紙撤回となったことは記憶に新しいのではないでしょうか。政

＊2　『権力の終焉』モイセス・ナイム著／加藤万里子訳（日経BP社）2015年7月

府の面子は丸つぶれです。国家の権威は、「国が、たった2500億円も出せなかったのかね」と言った（ITをイットと読んだ）森喜朗元首相を筆頭とする政治家の認識とは大きく異なり、明らかに弱まってきています。

かなり低レベルではありますが、日本では、この国家の権威の低下に加えて、政治家や官僚の威信の低下に歯止めがかかりません。安倍政権の抱える森友・加計問題、霞ヶ関での安倍政権への忖度による文書改ざんや事務次官のセクハラ、はたまたUSBを知らないと言ったサイバーセキュリティ担当の桜田義孝大臣、厚生労働省の統計不正問題など、政治家や官僚の威信も低下の一途をたどっています。

繰り返しになりますが、国家主権の強化を謳うHard Brexitやトランプ政権の誕生は、皮肉にも国家のパワーの低下を示しています。主権の単独行使が困難になりつつある状況に対して、それを快く思わない政治家や官僚という国家を体現する勢力と、「技術革新主導のグローバル化」による変化についていけず、居場所を失う人々の思惑が一致したということです。読者のお子さんたちは、この人々と運命を共にするのが賢明な選択であるかどうかについては十分に理解していると思います。

トランプ大統領は明確に「グローバル化」にあらがっているわけで、国際政治アナリストのイアン・ブレマーの言を借りれば、トランプ政権は、覇権国家の存在しない「Gゼロ世界」の始まりと言えるのです。既存メディアを無視し、彼らの権威を否定するために、Twitterを駆使するトランプ大統領ですが、当人の認識はさておいて、彼の行為は、現在の政治の前提である優位な中央（政府）が劣った末端（国民）をコントロールする（順行性応答という）社会構造から、末端（国民）が力を持ち、中央（政府）との関係を再定義する（逆行性応答）社会構造への変化を誘引していると言えますし、フランスのGilets jaunes運動もこの現れと言えるでしょう。

もっとも、トランプ大統領が利用しようがしまいが、TwitterなどのSNSは、情報管理をしたい国家による報道管制が難しいので、結果的には中央政府、政治の力を低下させるものであると言えます。別の言い方をすれば、パワーは、国民国家の枠を超えた「グローバル化」と、国家のパワーを抑制する非公式な小規模パワー、つまり、パワーの分散化（ミクロ化）に向かっていいます。これは、政治は実効性が問えるサイズのローカル化に向かうということを意味していると言えるでしょう。

しかし、これは少なくとも国民国家の存在を前提とする現代においては、大変難しい問題です。多くの自治州からなるスペインでは、豊かなバルセロナのあるカタロニア州はスペインからの独立を望み、かたやセビリアのある貧しいアンダルシア州は中央政府への依存を望んでいます。

アメリカによる強力な覇権の下に、国家、市場、個人というプレーヤが活動するという冷戦終結直後の「グローバル化」の形態は、国家の管理の下ではなく、個人にも企業にも開放されているデジタル・テクノロジを前提に、国家、企業・市場、個人という3つのプレーヤが、相互に行動するモデルとなりつつあります。2007年のiPhoneの発売は、今から考えると、この転換を示す象徴的な出来事と言えるのではないでしょうか。

国家は、「グローバル化」において、もはやパワーとして超越するものではなく、3つのプレーヤの中の一つでしかなくなるのです。この意味で、国家は、個人・企業同士を結ぶ上での中間媒体でしかなく、その存在意義は、政治家と官僚の思惑とは別に大きく減じていきます。ビットコインの中核技術であり、中央を介することなく、個人と個人、いわば末端同士での信頼構造を担保するブロックチェーンは、国家にとっては脅威以外の何物でもありません。

読者のお子さんたちが、これまでと同様に、国家に自分の面倒を見てもらおうと期待することはもはや幻想であり、正しい選択とは言えないということです。

過去の延長線で未来は語れない

デジタル・テクノロジの革新を前提に、国家、企業・市場、個人の3つのプレーヤが、相互に行動するモデルとなりつつあると述べましたが、3つのプレーヤが鼎立《ていりつ》する状況は、構造的に不安定で安定化することはありません。

「グローバル化」というシステムの安定は、均衡点は固定化せず、移動を繰り返す形で、動的平衡によって維持することになると思います。つまり、予測が困難で、不可逆かつ非周期でパターン化が難しい非線形な思考が前提となるのです。

これは、戦後のアメリカの覇権の下に始まった、予見性が高まることを前提に、覇権国家が国家の観点で均衡点を管理して「グローバル化」システムを安定化させようとする思考、つまり、決定論的な法則に従ってパターン化された結果が生じるという、これまでの線形的な思考とは異なります。この意味で、今現在進行する「デジタル・テクノロジ革新主導のグローバル化」は、アメリカの覇権の下に始まった初期の「グローバル化」とは、非連続的なものであると言えると思います。

「近代化が進めば、予見性は高まる」という、これまでの近代化のお約束がお約束でなくなる世界に向かいつつあり、まさに、近代化の終わりを迎えていると言えるでしょう。

このように、逆に予測困難性が高まる中では、**歴史の連続性を前提に、過去の延長線で未来を管理することが可能であるとする歴史主義は、もはや通用しない**と考えるべきであろうと思います。この意味で、**読者のお子さんたちが、現在の歴史主義に基づく大学教育で学べるもの**

のうち、将来にわたって利用価値の高いものは少ないと思うべきであろうと思いますが、多くの大学教員はこのことを理解していません。世界における日本の大学の文科系（除く経済学）の競争力の低さは、極めて深刻であると思います。

あらゆる意味での均衡点が固定化されない状況とは、これまでの分類、規範、常識、言い換えれば、これまでの境界意識は意味をなさないということです。

Uberによって、既存のタクシー事業の境界は曖昧になりつつあり、また、Airbnbによって、既存の宿泊ビジネスの境界も曖昧になりつつあります。聞こえるのはタクシー業界や宿泊業界という既得権益者からの不満です。

また、本家アメリカのZipcarとは異なる展開をする日本のパーク24が進めるカーシェアは、やはり、レンタカービジネスや自家用車の提供といった事業との境界を曖昧にするでしょう。広義のシェア経済という新しいパラダイムが形成されつつあるということです。トヨタですら自動車製造業という軸足の見直しを考え始める時代です。この境界の変化は、デジタル・テクノロジの影響が大きなビジネス領域に限ったことではなく、企業組織そのものにも及びます。

カルロス・ゴーン氏に率いられてきた「ニッサン」は、ルノーと複雑な相互依存・結合をして、日本市場に軸足を置かないグローバル展開をしているので、ゴーン氏は逮捕されましたが、もはや日本企業の日産ではないと思います。たとえ、ゴーン氏を追い出した日本人役員たちが、ニッサンの日本企業への回帰を望んでも、後戻りはできないでしょう。少なくともかつてのように、トヨタを筆頭とする日本の自動車業界の枠組みの中で語ることに意味はありません。

また、社長をはじめ役員の多くが日本人ではない武田薬品工業を、これまでの感覚で日本企業と呼ぶことも難しいのではないでしょうか。現在の武田薬品工業は、7兆円という莫大な金額を投じてアイルランドの製薬大手、シャイアー社の買収を行ったように、グローバル市場での生き残りをかけてM＆Aの戦場で戦っており、日本の市場はガラパゴスでよいと認識しているように思えます。

たとえ、日本の企業であっても、企業とは、その存在自体が合理的であり、伝統や文化より生き残りを優先する存在です。今回のゴーン氏の逮捕をきっかけに、ニッサンが日本企業に先祖返りをするという非合理的な決定を本当にするかどうかは見ものです。非合理なことは、一度は起こりますが、長続きはしません。このことは、お子さんが、「日本の一流企業に就職すれば、自分は日本人だから安泰」という考え方が、もはや通用しないと知ることが、どれほど重要であるかを表していると言えるでしょう。

第2章

世界での存在感が低下、「内向き」になりつつある日本の社会

化していきます。

稀勢の里は日本人横綱待望論の犠牲者

加速化する「グローバル化」とともに人の移動は加速化し、日本人の定義は曖昧化していきます。

国技と主張する相撲も、幕内力士42人中8人が外国人力士、小結以上の9人中4人が外国人力士です（2019年3月場所開始時点）［＊1］。このように、横綱2人を筆頭とするモンゴル人力士を抜きにして、国技の相撲はもはや成立しないのは明白でしょう。

アメリカ人以外の選手の多いMLBも同じだろうと言う人もいると思いますが、野球を世界に広め、その頂点にあるMLBにとって、アメリカ人以外の優秀な人材が集まることは歓迎のはずです。一九八〇年代以降、多くの中南米の選手が加わることで、MLBのレベルは高まったといわれています。

一方、日本の相撲は、日本固有の伝統を主張し、閉鎖的であり、積極的に世界に広めようとしているとは思えませんし、外国人力士が増えたらレベルが上がったという前向きな意見は寡聞にも聞いたことがありません。むしろ相撲が荒れたと言っているのではないでしょうか。外国人力士のスカウトは、日本人が力士にならないが故の苦肉の策であったのが実態でしょう。伝統を主張し、依然、女性が土俵に上がることを拒否するわりに、男であれば日本男児でなくてもよい、しかし、彼らに日本の価値観や伝統作法（＝ニホンジン化）を強要するわけです。それを外すと、やはりガイジンだと言って一気にバッシングをします。

相撲協会の主張する日本の伝統とは、先進国の非難を浴びる女性の拒否（女性による土俵上での人命救助より、土俵への女性拒否の伝統が優先するくらい染みついている）と、日本国籍を持っていないと親方にはなれない（横綱絶対の相撲文化の中で、親方は元平幕の日本人で、部屋の現役「ガイジン」横綱に物申すは機能しないでしょう）など、現実の変化に完全に寄り切られています。これまでの相撲の伝統の境界は、すでに壊れているとしか言いようがありません。

しかし、残念ながら、最近の日本相撲協会の動きは、現実に歩み寄るどころか、安倍政権におもねり、国民の強い希望と言って、ルールを曲げても日本人横綱を誕生させたいという間違った方向に向かってしまったようです。

稀勢の里は横綱に昇進したものの、無理がたたったけがとはいえ、その直後からの8場所連続という異例の長期休場、復帰しても優勝争いには全く絡めない10勝という情けない状況、加えて次の場所では、初日からの4連敗で休場。しかし、貴重な日本人横綱だからでしょうか、長

＊1　http://www.sumo.or.jp/ResultRikishiData/search

い休場明けにしては「よくやった」、「休養して来場所頑張ろう」という相撲協会やマスコミの特別扱いの雰囲気に、かなりの違和感を覚えたのは筆者だけでしょうか。結果は、次の場所も初日から3連敗で、引退となりました。普通に考えれば前の場所で引退ではないでしょうか。もし、白鵬や鶴竜が同じ状況であったら果たしてどうでしょうか。本来の横綱は土俵に上がれば完璧で降格はないので、進退は潔くあるべきであると言ってきたのは、相撲協会ではなかったでしょうか。

ルールを曲げてまでの横綱昇進を認識し、久々の日本人横綱という国民の期待と昇進後の成績のはざまで、内心忸怩たる思いを持っていたであろう生真面目な稀勢の里は、「日本人が一番」に固執したい自信を失う日本社会と、それにおもねる相撲協会の犠牲者かもしれません。しかし、稀勢の里のひた向きな態度をして、相撲ファンの記憶に残る横綱になったであろうことは、せめてもの慰めかと思います。

また、2017年の3月場所で、当時大関だったモンゴル出身の照ノ富士に、「モンゴルに帰れ」と観客がヤジを飛ばしたことに対し、日本相撲協会は安倍政権に忖度して不問に付しました。グローバル化したサッカーにおいては、この手の差別発言について、日本のクラブでも厳しい処分を科すことが当然であることとは大きな差があると言えます。さすがに日本の国技を自称するだけのことはあろうと思います。

一方、柔道は早くから世界に広められ、相撲とは大きく異なるグローバル化の道を歩んでいます。柔道は、日本の伝統という観点から見ると大きく変容しており、それ故、日本以上に海外で人気があると言えます。柔道を習う生徒の数は、本家の日本（約20万人）よりも、フランスの方がはるかに多い（約60万人）のが現実であり、その意味では、柔道の変容は当然であると言えるのかもしれません。

ガイジン、ハーフ、ニホンジン

「2015ミス・ユニバース・ジャパン」にハーフの宮本エリアナさんが選ばれた時に、「日本人じゃない」という議論が起こったことは、読者も記憶しているのではないでしょうか。

事の起こりは、彼女の父親がアフリカ系アメリカ人であったことにあるようです。日本でいうハーフとは、そもそもコーカソイド系、俗にいう白人系の容姿を持つモデルなどに対する形態認識であり、東アジア系、特に中国人や韓国人と日本人の間の子はハーフとは言いません。

そもそもハーフという表現は、「ガイジン」という奇妙な表現を持つ日本に独特な表現であると思いますが、ニホンジンとガイジンの間の緩衝材として、このハーフという分類が、ニホンジンという固定的な境界を維持するのに役立ってきたと言えます。このケースは、そのハーフを、それもアフリカ系をニホンジンにしてしまったことによる、一部の人々の違和感と言えるでしょう。

しかし、その一方で、高校野球で有名になった東北楽天ゴールデンイーグルスのオコエ瑠偉選手や陸上短距離のサニブラウン・アブデル・ハキーム選手、ケンブリッジ・飛鳥・アントニオ選手は、その活躍を称賛され、ハーフとはほとんど言われず、言われてもマイナスの表現はなく、最初からニホンジンとして扱われているのは、矛盾とも現実の容認とも言えますが、これはいかにも日本的なご都合主義です。奇しくも、この3人の父親はアフロ系ですが、見られる性の女性と、見る性の男性によっての反応の違いだとすると、これも問題です。

全米オープン・全豪オープン優勝、さらに世界ランキング1位という快挙を成し遂げた大坂なおみ（Naomi Osaka）選手の場合も、父親がハイチ系アフロ・アメリカ人、母親が日本人のハーフという、宮本エリアナさんのケースと同様で、最初は、「日本人ではない」（日米二重国籍なので日本人でもあり、テニス登録は日本国籍です）という声が聞こえました。

しかし、最近、日本が世界で話題に上ることがない状況にある中での、日本人初の快挙であったため、マスコミを筆頭に、何が何でも彼女を日本人にしたかったのでしょう。

所属契約を結んでいる大手食品メーカーの日清食品グループが、大坂選手を起用したアニメーションの動画の広告で、肌の色を実際より白く表現している（当人に相談していません）との批判を受けて動画を削除した件が示すように、日本社会の一般通念の日本人像とはかけ離れた大坂選手（アフロ系のハーフであり、３歳で渡米して以来、アメリカで長く暮らし、テニスのトレーニングを受け、日本語も母語とは言えないことは明白です）に、過度な日本人への同化を求めるのは、アメリカ人でもある大坂選手のことを考えると、いかがなものでしょうか。

世界で活躍する大坂選手を、何が何でも日本人に仕立てようとする日本社会の国籍への感度の低さ、いや、ご都合主義は、ノーベル賞での前科２犯（南部陽一郎氏と中村修二氏）で証明済みです。日本国籍でない受賞者を日本人と報道するなど、良いことであれば、何でも日本人と言いたがる節があります。

偉業を遂げると生まれが日本であるだけで日本人と言いたがるのは、今に始まったわけではありません。レオナール・フジタ（日本名は藤田嗣治）は、活躍の場は戦間期のフランスであり、１９５５年に日本国籍を放棄してフランス国籍を取得していますが、日本人の画家として扱っているのではないでしょうか。読者の皆さんは、藤田嗣治がフランス国籍であるのをご存じだったでしょうか。藤田は、戦後、戦争協力者と非難され、１９４９年にフランスへ渡りました。渡仏後、藤田は「私が日本を捨てたのではない。日本に捨てられたのだ」と語り、日本に対して複雑な思いがあったことをうかがわせています。故に、生涯日本には戻りませんでした。

最近の例では、ノーベル文学賞を受賞したカズオ・イシグロ（石黒一雄）氏も5歳で渡英しており、国籍はイギリスで、母国語も英語です。ご本人は、幸い日本に親近感をお持ちのようなので、日本人扱いされても不快ではないようですが、マスコミもさすがに日本人とは言えず、日系イギリス人（日本語の慣用では、日系何々は移民を指すのですが）という奇妙な表現を使っています。二重国籍を禁止し、日本国籍に執着する割には、相手の国籍に関する感度は極めて低く、無神経のレベルに近いという事実を日本人は自覚しないと、グローバル化する社会でひんしゅくを買うことになるでしょう。

この背後には、「日本国籍を有する日本人」と「日本国籍を有する『ガイジン』」という2種類の日本人が存在することを、多くの日本人が容認しているという事情があります。「日本国籍を有するガイジン」は、「日本国籍を有する日本人」にとって、自分たちに都合の良いときは「日本人」、都合の悪いときは「ガイジン」になる、実に都合の良い存在なのです。

しかし、この都合の良い「日本国籍を有するガイジン」という存在を頻繁に使えば使うほど、当たり前と思っていた日本人の境界（日本語を母語としてしゃべり、日本人のような容姿をし、日本人らしい名前を持つ）が曖昧になるということです。

この延長線上で、スポーツの国別対抗の代表選手の定義も大きく変わりつつあります。

2015年にイギリスで開催されたラグビーのワールドカップで、南アフリカ共和国に歴史的な勝利を収めた日本代表は、その好例でしょう。30人の代表選手のうち、10人は外国出身であり、そのうち5人は外国籍でした。

なぜ、そうなるかと言うと、ラグビーの国際統括機関である「ワールドラグビー」による国の代表メンバーの資格が、①その国・地域で生まれた、②両親または祖父母の1人がその国・地域で生まれた、③36カ月以上、その国・地域に居住している、という3要件のいずれかを満たし、また他国の代表選手になっていない場合、であるからです。

この要件は、イングランド、ウェールズ、スコットランドという3つの代表チーム（サッカーと違い、ラグビーでは、北アイルランドの選手はアイルランド代表に加わります）を持つイギリスの状況を考慮して生まれましたが、図らずもイギリス以外の国々で代表のグローバル化を後押しする結果となっています。

試合終了直前90秒で、同点ではなく勝ちにいく判断をしたリーチ マイケル主将も、2013年に日本国籍を取得していますが、ニュージーランド出身です。マスコミも10人が外国出身と報道し、国籍以外で区別しているように、日本的な定義に従えば、日本国籍を有するガイジンとなります。このことは、暗黙裡に日本人には、日本国籍を持つ日本人と日本国籍を持つガイジンがいるということを認めていることになりますが、現実は、ルールがあるにせよ、国を代表する選手の意味合いも、従来に比べて極めて曖昧になってきています。

日本人の半数以上が、日本代表の3分の1が外国出身であることに違和感を覚えているという調査が示すように、日本人はまだ保守的であると言えそうですが、逆に半数近くは容認しているとも言えるので、真の日本人と言ってナショナリズムを鼓舞する安倍首相を総裁と仰ぐ自民党の政治家よりは、社会の方が開明的で進んでいるとも言えるのではないでしょうか。

このラグビーワールドカップでの歴史的勝利の意味するところを、読者のお子さんたちにはちゃんと理解させていただきたいと思います。この意味合いは、**「日本人はすごい」ではなく、「外国出身者（多様性）を受け入れ、適材適所の運用を行えば、グローバル化する世界でも、組織として勝ち目が出てくる」ということ**です。そもそも、戦後日本人が経済的急成長を遂げたのは、日本型マネジメントに普遍的優位性があるからだという短絡的な理解をしてはいけないのです。

白鵬に国民栄誉賞を

つまり、「日本人というモノ」という心理的本質主義（「一つのニホンジン」という変わらない普遍的な理念型が存在するとの妄想）ではなく、「日本人であるコト」という、日本人であっても1人1

人が異なり、かつ変容していくとする構築主義的な考え（「らしさ」とは、常に変化せずに存在する本質的なものではなく、その時代の政治・経済・社会・思想との関係によって、新たな部分を吸収して常に変化していくとする考え方）を持つ必要があるのです。

ナショナリズムを必要とする国家や政治家は、心理的本質主義的な考えを好みます。なぜなら政治的に利用できるからです。これは、安倍首相を見れば明白でしょう。

しかし、**「日本人というモノ」に固執してはいけない**のです。固執すると、日本人はガイジン意識を捨てられません。その結果、日本人は世界のガイジンになってしまうでしょう。お子さんが、**「日本人であるコト」という意識を持つことが重要**です。その**「日本人であるコト」は、「グローバル化」の中で変化・拡大して変容していくのが当然である、と理解することが重要に**なるのです。

この意味で、かつて「巨人・大鵬・卵焼き」（故・堺屋太一氏が命名したとの説あり）とまでいわれた昭和の大横綱・大鵬（大鵬も実はウクライナ人とのハーフとの説あり）の優勝回数記録を塗り替え、国技と称する相撲界を救ったとも言える平成の大横綱・白鵬に、国民栄誉賞を授与すべきではないでしょうか。なぜ、声がかからないのか不思議です。モンゴル国籍だからというのは、日本国籍ではない王貞治氏に国民栄誉賞を授与したことを考えると、理由にならないでしょう。

もし、その理由が、マスコミに取り上げられたように、審判員の判定に物を申した白鵬の態度、相撲の取り口が横綱の品格にふさわしくなく、相撲の歴史から抹殺された感のある朝青龍ほどではないですが、白鵬も相変わらず日本人らしさのないガイジンだからだとするならば、大きな問題でしょう。

ここまで、日本社会の問題点を挙げてきましたが、強みはないのでしょうか。長い歴史の中で育んできた伝統とか、個人よりも周囲との調和を重んじる和の心と言う人も多いと思いますが、敢えて言うならば、**日本人の最大の強みは、伝統の維持ではなく、**戦後の安保闘争と全共闘運動以後定着したと思われる、**思想やイデオロギーに全く興味がなく、節操を持たないこと**です。

新暦で新年を祝うアジアの国は、日本だけではないでしょうか。旧正月が廃れない東アジア諸国と、旧正月が廃れ、商業主義のクリスマスが隆盛する日本というのも面白い対比現象です。商業主義と言えば、安倍首相は嘆くでしょうが、最近は、小売業、サービス業や地方の観光業も中国人客頼みの状況なので、中国の国慶節を日本の建国記念の日よりも大々的に祝うというのが現実です。その安倍首相ですら、政治的思惑があるとはいえ、中国からのインバウンド観光客を意識してか、中国の春節（旧正月）の大晦日にあたる2月4日に、中国人向けに「新年のあいさつ」のビデオメッセージを発表しています。習近平主席が同じことをすることを読者は想像できるでしょうか。

要は伝統や文化とつながる行事よりも、楽しいイベントが重要なのです。**思想性がなく、節操のない新奇性とイベント好きが、一九七〇年代以降の日本の成功を支えてきた**と言えると思います。最近は、ハロウィーンが盛り上がっています。

伝統保守の権化である安倍内閣とは正反対ですが、**日本人、特に読者のお子さんたち若者が、この強みを再認識すれば、現在のグローバル化に適応していく**ことは、非現実的な話ではないのではないでしょうか。

硬直的な法律・制度と超高齢化が変化への適応を阻害する

「今現在進行するデジタル・テクノロジ革新主導のグローバル化」の本質的な変化は、これまでの線形的、静的、収斂的、周期的から非線形的、動的、（有界での）非収斂的、非周期的への変化であると述べました。ちょっと難しいですね。

言い方を換えれば

1 これまでの境界意識が通用しない「Beyond boundary（越境、参入障壁の無意味化）」
2 変化のスピードは加速的に速くなるので、「これまでは大丈夫だった」が通用しない「Acceleration（変化の加速化）」
3 小さな力で大きなものを生み出せるので、「駆け出し（start-ups）は恐れるに足らず」が通用しない「Leverage（小が大を制する、規模の無意味化）」

が前提となる世界です。

これからの世界は、**「Ever-changing（変わり続け）」、「Everything possible（あらゆることに可能性がある）」であり、「Why not?（なぜやらないのか、やればよい）」が当然となり、「完璧な企て（机上の計画）」から「不完全な試み（行動）」が重要になる**のではないでしょうか。

このような予測が難しい環境変化への適応は、学校教育のように正解ありきではないので、「人と同じだから大丈夫」は通用しません。**多様性こそが環境変化への適応可能性を高める**からです。そして、**絶えず変化する、つまり、当たり前が常に変わるので、適応率の高いモデルを探そうとしても無駄である**ことを、お子さんたちに理解させることが大切です。

日本社会も例外ではありません。変化が速すぎて、世代間の意識のズレは拡大する一方であり、「国民的」という言葉は、もはや死語ではないでしょうか。

しかし、読者も感じていると思いますが、日本社会の変化への適応速度は極めて緩慢です。いや、むしろ、変化への適応を拒否しているようにも見えます。その大きな理由は、極めてよくできている緻密かつ複雑に絡み合った硬直的な法律や制度（規制）の存在と、後期高齢者のあふれる超高齢社会です。グローバルな視点から日本の状況を見るに、これは大きな問題です。

まず、法律や制度ですが、法律とは、そもそも存在自体が保守的であり、変化を嫌います。そして、社会が急速に変化し続ければ、変化に先立つことのない法律は現状に適応しないので、機能が低下していかざるを得ないのです。法律という形態は、このような変化の激しい状況を念頭に置いておらず、速い変化にはついていけない宿命にあります。

この意味で、精緻な法制度を有している先進国の方が、急激な環境変化への適応では不利になる可能性が高いと思います。日本はその中でも、法制度とその解釈において社会の現状変更を否定する力が強いと言えますが、法律で変化を縛れば、その社会は「今現在進行するデジタル・テクノロジ革新主導のグローバル化」に置いていかれるでしょう。つまり、日本のシーラカンス化です。

まず、法律は急速な変化に追いついていけないことを理解することが必要です。この意味で、今後、企業での大学の法学部の卒業生（法律はその存在意義上、変化には極めて保守的であり、それを専攻する教員も基本的に変化に保守的で、その教員に習った学生も変化に保守的になりがちです）の評価は下がっていくのではないでしょうか。事実、東京大学で、3年次の進学先としての法学部（文系学部の頂点）の人気が下がっています。

次に、「今現在進行するグローバル化」に適応するためには、より多くの選択肢を求め、絶え間ない努力をする必要があることを理解しなければなりません。これは、「選択の自由」を是とする自由民主主義思想を基礎とした「今現在進行するグローバリゼーションの道理」であり、これをお子さんに伝えることが親の重要な役割であると思います。

加えて、2020年に75歳未満の前期高齢者の人口を上回る75歳以上の後期高齢者の急激な人口増加（2050年代には人口の4人に1人が75歳以上になる）がもたらす社会への影響を理解する必要があります。

社会の変化（変化の頻度と程度と速度）は急激ですが、高齢者は変化に適応をしても労多くして恩恵は少ないので、当然ながら現状維持を主張し、変化には否定的です。したがって、日本の世論（有権者の多数を占める高齢者の意見がベースとなります）は、「現在進行するデジタル・テクノロジ革新主導のグローバル化」による変化に対して否定的になり、これもシーラカンス化に他ならないと言えます。**将来を担うお子さんたちの立場に立てば、超高齢化する社会の論調を真に受けて良いはずがない**のです。

ここでの正当化の根拠としては、伝統を守ることが強調されるでしょう。伝統とは、歴史の中で先祖の知恵が集積され、醸成されて残ったエッセンスであり、伝統の尊重は、過去から未来につながる単線的な歴史主義が前提にあった時代には賢明な判断だったかもしれません。

しかし、前述したように、この歴史主義は「今現在進行するグローバル化」の下では、もはや大きな意味を持ち得ず、既存文化が変容を迫られている状況下において、伝統は、それを否定する際のもっともらしい言い訳として使用されていると認識すべきであると思います。高齢者にとっては好都合だとしても、若者にとって今後も無条件に意味を持ち得るのかを問う必要があるでしょう。おそらく持ち得ないのではないでしょうか。

コンシューマ、ワーカ、インベスタとしての個人を考える

社会がグローバル化し、取引コストが大幅に低減することによって、真っ先に個人として恩恵を受けるのは、コンシューマ（消費者）としての個人です。「より良く、より速く、より安く」を求め、より多くの選択肢と比較情報を探し続けるコンシューマは、「今現在進行するデジタル・テクノロジ革新主導のグローバル化」によって、とても大きな恩恵を得ています。裏を返

せば、企業はこの流れに対応しなければ生き残れません。自社が対応しなければ、他の企業が対応するからです。

この流れが止められれば、地元の商店街のシャッター街化は止まっていたはずです。しかし、品ぞろえ、価格、品質、時間など、あらゆる意味で選択の自由度が制限される地元の商店街で、子どもの頃はここで買い物をしていたという郷愁を感じて、若者は日常的な買い物をするでしょうか。

次に押さえておくべきことは、個人は生きていくために働かなければならないということです。すなわち、ワーカ（労働する人）でもあるということです。

従来は、チャップリンの『モダン・タイムス』のように、工場のラインでのネジ締めなど、誰もが判断することなく、同じような作業をし、時間当たりで給与をもらう代替性の高いレイバーでした。

今日では、産業構造の高度化とともに、個人の能力と経験に基づいて判断し、仕事を行う代替性の低いワーカへとその性格を変えつつあり、レイバーに比して、相対的地位は向上しています。先進国におけるレイバー的業務は、今後、急速に姿を消していくでしょう。

しかし、相対的に地位が向上しているワーカであっても、前述のように、コンシューマの要求に応えなければならないので、環境は当然厳しくなります。**コンシューマが、「より良く、よ**

り速く、より安く」を求めるのであれば、ワーカは、「より良く、より速く、よりハード、そして、よりスマート」に働くことを求められるからです。デジタル・テクノロジについていけない中高年の上司を尻目に、パソコンやスマホを器用に使いこなす若者にとって、この状況は圧倒的に有利に感じられるかもしれません。

確かに、**「今現在進行するデジタル・テクノロジ革新主導のグローバル化」は、価値を生む源泉を、企業が独占していた生産設備からワーカ個人の知識へと移行**させました。個人、特に若い世代が価値の源泉を手にしたわけです。これは、非常に大きな歴史的転換と言うことができます。

この個人の知識の価値が高まることと、グローバル化による活動範囲の広がりは、構造的に競争を厳しくし、格差を拡大します。筆者も、これは国内における社会問題であると認識はしていますが、読者は、親としてお子さんをむざむざ競争の負け組にするわけにはいかないのではないでしょうか。政府がどのように対処するかはわかりませんが、現在の状況を見るに、これといった解決策は見えていません。したがって、政府に解決策を期待することはリスクが高いと思います。読者には、まずお子さんの未来を考えてほしいと思います。

しかし、話はここで終わりというわけではありません。単にコンシューマとしてデバイスを使いこなすだけではなく、企業やコンシューマの求める価値を創出する人材になることができるかどうかが、大きな分岐点となるからです。これは、まさに需要と供給の関係にあるので、給与の格差が広がる理由でもあります。

今の日本で起こっていることは、人手不足なのではなく、企業の求める人材の不足です。単なる有効求人倍率という頭数の問題ではないのです。

いったん入社させた以上、社員ができる仕事を与えるのが企業の責任である、という古い考え方は捨てた方が良いでしょう。国家や入社した企業に保護を期待するのは自由ですが、その結果は、個人の市場価値の低下でしかないと言えそうです。

読者のお子さんも同様です。**国家のパワーが減衰し、企業がグローバル市場で合理的な判断をする中で、国家や勤め先をアテにしていれば、最後に泣くのはお子さんたちである**と思った方が良いでしょう。

また、「今現在進行するグローバル化を主導するテクノロジ」の中心にあると言えるＩＣＴとデジタル・テクノロジがもたらす価値とは、有用性、迅速性、正確性の高次化であり、そのような環境の下では、仕事は複雑化し、そのスピードは速まります。この環境変化についていくためには、**ワーカとしてのお子さんたちのデジタル・テクノロジ武装（リテラシーの向上と機器の使いこなし）は必須**です。

加えて、今後の若者は、ワーカとして、急速に進歩するＡＩとの競争と共存を強く意識していかなければなりません。このことをお子さんたちが理解することは重要です。ＡＩに関しては、話が技術的で複雑なので、本書では深くは触れませんが、ＡＩを軽視してはいけませんし、楽観論や性善説に立つのは危険です。

筆者はこの点で、現在の大学、特に文系の教育に大きな危惧を抱いています。**デジタル・テクノロジをうまく使いこなすか、デジタル・テクノロジと組めるか（つまり、補完関係をつくれるか）、デジタル・テクノロジに使われるかが、ワーカとしてのお子さんたちの将来の成否を分ける**と考えています。ミクロで見れば、デジタル・テクノロジ（ＡＩと言ってもいい）の急速な高度化は、単純作業のみならず、定型的な知的労働を代替し、人々の雇用機会が減少するのは避けられないと思います。現在の文系の教育は、この観点からみて、極めて不十分です。

コンシューマとワーカは表裏一体の関係にあり、コンシューマとしての便益だけを得ることはできません。もし、ハードなワーカの状況から降りるのであれば、同時にコンシューマとしての便益も放棄しなければならないのです。つまり、いいとこ取りはできないのです。

支出を最小限とするミニマルライフに向かうという選択もありますが、これはあくまで価値観の問題であり、社会との断絶が難しくなる中で、社会のこうした構造から逃れることは難しいと言えるでしょう。

加えて、個人は意識しなくとも、年金や金融投資などを通じ、消極的とはいえインベスタ（投資家）にもなっていて、より高い運用益を期待するので、企業の業績は良い方が好ましく、結果として、コンシューマとワーカの関係を肯定せざるを得ないので、「今現在進行するデジタル・テクノロジ革新主導のグローバル化」のループから抜け出ることは難しいと考えるべきでしょう。

ソクラテスとなるか、アリストテレスとなるか

冷戦終焉後のグローバル化と、その性質を大きく変えつつある「今現在進行するデジタル・テクノロジ革新主導のグローバル化」の状況は、古代ギリシャ時代のアテネのソクラテスとアリストテレスの置かれた状況に似ていると言えるかもしれません。

当時のアテネでは、文字（アルファベットのすごいところは、限られた字数ですべてを表現できることで、それまでの文字制限のない象形文字や楔形文字とは大きく異なります。ギリシャアルファベットのすごいところは、それまでのアルファベットが子音のみの表記であったのに対し、母音を加えて、口語と文語を大きく近づけたことです）の導入をめぐって大きな「議論」が起こっていました。

ソクラテスは、その著作がないことからもわかるように、それまでの口伝と記憶による知の

継承が正当・正統であり、文字を使うことは知の継承の劣化を招くと主張し、断固文字の導入に反対したといわれています。

一方、ソクラテスの孫弟子にあたるアリストテレスは、逆に文字を受け入れて、多くの著作を残しています。この著作がなければ、現在の哲学の有り様は大きく異なったでしょう。

確かに彼の著作の間で矛盾はありますが、その後の社会の発展を見る限り、その美学を除けば、変化を積極的に受け入れたアリストテレスの判断の方が、変化を拒否したソクラテスより正しかったと言えるでしょう。

「スマホをやめますか、信大生をやめますか」と入学式で語って話題になった信州大学の学長は、さながら現代のソクラテスでしょうか。

今後の社会は、「今現在進行するデジタル・テクノロジ革新主導のグローバル化」によって、社会や組織の前提が、急速に「脱境界（これまでの境界意識は通用しない）」、「脱中心（中心が存在し、中心は末端に対して優れており、コントロールできるという考え方の終焉）」、「脱堅牢（何事にも完璧が存在し、あらゆる状況に対しての堅牢が存在するという考え方の終焉）」に向かうでしょう。

「当たり前が常に塗り替わる世界」となっていくので、常識を脇に置いて、ゼロベースで考え、早く動いた者が有利になる社会です。常識を脇に置くとは、常に学習したものを捨てる、つまり、脱学習（英語では unlearn という）するということです。

今、お子さんたちが置かれている状況は、まさにアリストテレスと同じであり、ソクラテスに相当する声の大きい高齢者の意見に惑わされてはいけないのです。

超高齢化がピークを迎え、あらゆる社会制度の機能不全が一気に露呈するといわれる2050年の責任を取れない非当事者であり、その知見の有効性が疑問である高齢者の意見を妄信するべきではなく、きちんと反論することも必要です。若者にとって、最悪の選択は、どっちつかずのプラトンになることかもしれません。

自分にどんなセンスがあるかを探し出す

個人レベルで企業並みのことを行うことが可能になっていく「今現在進行するデジタル・テクノロジ革新主導のグローバル化」する社会では、センスが重要になり、多くのセンスが求められるため、お子さんには、自分にどのようなセンスがあるのかを見極め、そのセンスを磨いていく動機付けが必要です。

一つ覚えておいてほしいことは、もともと持っていないセンスは身につかないということです。持っていないセンスを身につけようと努力するよりも、お子さんが持っているセンスを理解し、それがどのような分野で強みを発揮するのかを見極め、磨いていくことが重要です。お子さんに、自分自身のセンスを自覚させるためには、実際に競争をさせてみるのが良いと思います。

高校野球であれば、エースで四番はありますが、プロ野球では難しい（エンゼルスに移籍した大谷翔平選手は例外です。彼の場合はＤＨですが）。こうした変化をいまだ認識しきれていないのは、銀行員と公務員くらいではないでしょうか。かつてのエリートの職務であることは皮肉です。

この意味で、日本の学歴が、「今現在進行するデジタル・テクノロジ革新主導のグローバル化」する社会を生き抜くのに必要なリテラシーの高さを保証しないのであれば、学歴はあまり意味をなさなくなると言えるでしょう。

現在の学歴が、このリテラシーの高さを保証するものであるかどうかを考えてみると良いと思います。事実、筆者は、大学を休学して、プログラミングを専門学校で真剣に学ぶ、または、独学でデジタル・テクノロジを深く学ぶことで、自身が入社を希望している企業に評価されて就職できた文系の大学生の例も見てきています。

「デジタル・テクノロジ革新主導のグローバル化」が進む中で、急速に変わりつつある企業が求める人材要件を認識しつつ、自分の価値がどこにあるかを理解し、それをどのように向上させていくかが問われているのです。ただ長時間取り組んでいるとか、懸命に頑張っているというだけでは意味がありません。目的と計画性のない努力は、手段である努力の目的化であり、意味があるとは言えないでしょう。

自己を相対化し、他者との差異を意識する

グローバル化適応とは、環境変化（境界の拡張と曖昧化）への適応を通した、自分・自己の相対化であり、自明であったアイデンティティの再構築であるとも言えますが、その結果がどのようなものであるかは誰にもわかりません。故に個人のグローバリゼーションへの適応は、**構築主義的（「らしさ」とは常に変化せずに存在する本質的なものなのではなく、その時代の、政治・経済・社会・思想との関係によって、新たな部分を吸収して、常に変化していくとする考え方）である**はずです。

一方、「グローバル化は日本人らしさを失わせる」と断言することは、心理的本質主義（「らしさ」というのは、常に変化せずに存在する本質的なものであるとして、そこに、ひとつの変わらぬ特質を見いだそうとする考え方）であり、これでは論理的に考えて環境変化に適応できないでしょう。

しかし、個人の感覚では、グローバル化にうまく適応できない要素を自己の中に見いだし、それに少なからず違和感を覚えるのではないかと思います。言葉や文化を含めて現在のアイデン

ティティは、グローバル化への適応の制限要因だからです。

しかし、これは誰もが感じるものであり、英語を母国語とする人も同様です。この意味で、グローバリゼーションがアングロサクソンに有利と捉え、グローバリゼーションをアングロサクソン化と呼ぶことは短絡に過ぎるでしょう。アングロサクソンの専売特許のようにいわれる選択の自由と市場原理は、多かれ少なかれ皆の認めるところだからです。

この違和感を後ろ向きに捉える人は、「日本人という普遍的で唯一なモノがある」という心理的本質主義的な考え方で、グローバル社会に対するローカルの差異化（日本人というモノ）に排他的で優位な価値を見いだそうとする、つまり、硬直的な自己のアイデンティティを死守しようとするのです。

これは、昨今の国家を挙げて政治家が主唱するナショナリズム回帰現象に表れています。自分がうまく適応できないことを棚に上げ「グローバル化にメリットはない」と言う、ある種のイソップのサワーグレープ的合理化です。この末路は日本人の「世界のガイジン化」であり、ひいてはグローバル化適応に失敗した現代の「陸に上がることを放棄して深海に戻ったシーラカンス」になることでしょう。言い換えれば、絶対レベルは下がるが、皆が平均的かつ相対的に豊かな後進国への道であると言えます。読者は、お子さんをシーラカンスにしたいでしょうか。

一方、グローバル化が加速する現実世界では明らかに構築主義的な考え方を求められますが、構築主義の立場を取る人は、おそらくナショナリズムに強い興味はないでしょう。なぜなら構築主義は包括的・拡張的であり、心理的本質主義が基底にある排他的・縮小的なナショナリズムとは相反するからです。この意味で、グローバリズムとナショナリズムは相性が悪いのです。「今現在進行するデジタル・テクノロジ革新に主導されるグローバル化」による相互連関・依存が個人、企業、国家のレベルで進む中、そして、もはや兵士の数が意味をなさなくなり、人口の多さが国民国家の強さを示さない中で、大規模な国民国家は下方分散の圧力にさらされます。幻想のナショナリズム（実体のない国民性という主張）に代わって、アイデンティティの確認の必要性が弱く、自明な地元に帰着する愛郷心に行きつくでしょう。これは、自己完結した「閉じた社会」を意味します。ナショナリズムも基本的に「閉じた社会」に向かうので、その意味では、同じ方向を向いています。

しかし、その中においても都市への人口集中は進みます。匿名化が前提で、高学歴者が集まる「開いた社会」である都市においては、「実体のある地域コミュニティ（前提として匿名性を排除します。すなわち、全人格把握が前提です）」を維持することは難しいはずです。なぜなら、都市の住人は全人格的に把握されることを嫌い（断片人格と匿名性を評価する）、高学歴者は行動や社会関係の範囲が広いので、アイデンティティの確認が自明な閉鎖的な地域コミュニティを最優先に考えるとの意識が希薄であるからです。この意味で、都市化が進む中では、「閉じた社会」

である「実体のある地域コミュニティ」を期待することは幻想と言えるのではないでしょうか。

一方、グローバル適応への違和感を前向きに捉える人は、「開いた社会」を受け入れ、「日本人であるコト（これは、「日本人という『モノ』」とは異なり、百人百様です）」という構築主義的な考え方で、「デジタル・テクノロジ革新主導のグローバル化」への適応の中での差違化の一つとして、自分らしい地域コミュニティへの貢献の仕方を模索することになるはずです。なぜなら、グローバル化という共通を模索するには、自分の立ち位置としての差違の認識が、まず必要になるからです。

グローバル化する社会の中にあっては、自己のアイデンティティを拡張的に再構築することで、その変化に個人として適応していくことが重要であることを、お子さんに伝えることも、読者のミッションの一つであると思います。

この文脈で、労働力不足を理由に事実上、移民受け入れを認めた今回の「改正出入国管理法」の国会通過を、どのように捉えればよいのでしょうか。

今回の実質的に移民を受け入れることになるこの法改正は、構築主義に基づいて「日本人であるコト」を考える上でとても良い機会になり、日本人であることの拡張的再定義を行い、日本人の意識を「開いた社会」に向ける良いきっかけになる可能性があります。

しかし、安倍政権の考えるところは違います。政府答弁で、「単身で来日し、都合よく帰ってくれる期間限定の労働力」なので移民ではないと言い張っているように、この背後にあるのは、本質主義に基づいて「日本人という『変わらぬモノ』」を当然とする「閉じた社会」です。労働力不足によって移民を受け入れたドイツの失敗を理解しているとは思えません。

移民を受け入れるとは、政府が考えているような「単身で来日し、都合よく帰ってくれる期間限定の労働力」ではなく、人間を受け入れることなのです。恐らくドイツと同じ道筋をたどるでしょう。「閉じた社会」である日本で移民を受け入れるのは、結果、二重構造による移民の差別の定着化であり、ドイツ同様に、将来、その統合には、社会的な大きな痛みを感じ、多大な社会的コストを払うことになるのではないでしょうか。

読者のお子さんたちには、今回の実質的な移民解禁は、構築主義に基づいて「日本人であるコト」を考え、意識を「開いた社会」に向かわせる上で、とても良い機会であると是非認識させていただきたいと思います。

第2部

世界を舞台に生き抜いていくためにどんな能力を身につければいいのか

第3章

変化やリスクに対する耐性

――日本人といない時間をつくる

「居心地の悪い」環境に敢えて身を置いてみる

もし、今、読者のお子さんが居心地の良い環境にいるのであれば、「それはまずい」と思った方が良いと思います。

前章で述べたように、「デジタル・テクノロジ革新に主導されて加速化するグローバル化」の下では、変化は、その程度・頻度・速度を高め、われわれが将来を予見することは難しくなります。つまり不確実性が高まり、リスクも高まるのです。

しかし、居心地の良いところにいると、脳は刺激されず活性化しません。新たな学習を行わず、柔軟性も損なわれます。結果としてリスクをマネージできず、環境変化への適応能力が低下すると思うべきなのです。

30年以上前のことですが、わが身を振り返れば、夫婦で共に会社を辞め、それぞれ学位を取れる保証もないアメリカの大学院に留学したのは、置かれた環境に安住するのが嫌だったからだと思います。今考えれば、かなり無謀なことでしたが、ここから私の選択肢が増えたことも確かで、自分としては大いに良かったと思っています。

欧米的な相互独立的な自己（私は私）ではなく、相互協調的な自己（あなたがあっての私）の傾向が強く、「役割ナルシズム」といわれるほど、役割的自己（「おかあさん」や「部長」などの役割があっての私）の比重が極めて高く、同調圧力の強い同質的社会に暮らす日本人は、不確実性に対する耐性が非常に弱いことを十分に自覚すべきであると思います。

日本人は、役割構造が安定的でなければ役割遂行に没頭できないため、まず自分の帰属する集団・組織（ひいては社会）の安定性を求めるからです。安定性を強く希求するということは、裏を返せば、明確で安定的な役割構造を維持できない不確実性の高い状況を非常に嫌うということです。これは、読者にも身に覚えがあるのではないでしょうか。

この安定化のために注ぐ力は、役割構造をより強固なものとしていこうとする力（役割構造の複雑化と役割そのものの精緻化）と、役割の変化に対して抵抗する力（役割構造の変化に対する強硬な反発、組織の調和を乱す「出る杭は打つ」、「沈む杭は引き上げる」という突出の忌避もこの一例です）という二つのベクトルに向かいます。このことは、本質的に日本人は、役割そのものを固定化し、それを維持するために、役割の明確化・安定化（ひいてはブラックボックス化）を求める傾向を強く持つことを意味しています。

このベクトルを考えると、日本人が総じて、構造変革を引き起こす可能性のある「どうしたらできるか」ではなく、既存構造を守ろうとする「どうしてできないか」に意識がいきがちなのが理解できるのではないでしょうか。これも、読者には思い当たるところがあるのではないかと思います。

確かに、不確実性を嫌い、安定性を求める姿勢そのものを変えることは、日本的自己構造と思考メカニズムに関わることでもあり、簡単なことではありません。しかし、気がつけば、自分の意思とは関わりなく、「デジタル・テクノロジ革新に主導された急速なグローバル化」がもたらす不確実性の高い環境にわが身が置かれているのが現実です。

筆者の経験から考えると、読者各々が、日本人的な役割構造の安定性の希求と強い横並び意識（突出の忌避）という思考メカニズムを自覚して、わが子を意識的に不確実性の高い状況に置くという試みを実行することで、徐々にではありますが、子どもは不確実性への耐性を身につけていくものです。わが家では、小学校高学年から、海外でのサマーキャンプへの参加などを定期的に経験させてきました。日本語が通じず、日本では当たり前の前提が通じない環境に身を置くことが重要だと思います。つまり、不確実性に慣れて、相対的な不確実性を低くする、言い換えれば、不確実性に対する許容度を高める試みを意識的に行うことが重要なのです。

平たくいえば、まずは「先が読めない」という状況に慣れること、その中で、諦めや手探りではなく、最大限のリスクコントロールを行うこと、そして、その結果つまずいたとしても、タダでは起きないという精神的たくましさと知的柔軟性を少しずつ鍛えるということです。

それには、**居心地の良い環境を離れ、新たな環境、つまり、居心地の悪い環境に敢えて身を**

置く意思と勇気が必要になります。また、そこで居心地が良いと感じるようになったら、また別の新たな環境に身を移す。そうすることによって、不確実性をいかに相対化するかを学び、結果として不確実性に対する許容度を高めることができるのです。

親としては心配もあるでしょうが、わが子にこのような環境に身を置くことを勧めることが、結果としてお子さんの将来のためになるのです。親としては、入念な調査は必須ですが、思い切りも重要です。心配し始めたらきりがありません。

1人で海外で暮らす経験をする

その点で手っ取り早いのが、日本人と一緒にいない時間を過ごさざるを得ない環境に出かけていくことでしょう。

わが身を振り返れば、私は、アメリカでの大学院生活では、日本人と一緒にいることは意識的に最小限にしていました。その後のアメリカ、オランダ、イギリスでの生活では、そもそも周りに日本人はほとんどいない環境でしたが、数少ない日本人コミュニティともほとんど交わりませんでした。現在は、客員教授としてフランスで生活していますが、ここでも日本人コミユニティと交わることはほとんどしていません。

かつて、わが家で小学校高学年の子供を連れてイギリスに行くことになった時も、英語が大してできるわけもないので、当人は相当つらかったと思いますが、現地校に入れること以外は考えてもいませんでした。実際、クラスに日本人はほとんどいませんでしたし、近所の学校に欠員がなかったため、毎日1人でバスに乗り、かなり遠くの学校に通っていました。イギリスの義務教育は、日本より1年早く5歳から始まり、新学期は9月から始まるので、半年後には中学2年生になり、当人にとって相当なストレスであったと思います。しかし、日本に残って中学のお受験をするよりは、はるかに良い経験であったと思います。

良い意味でも悪い意味でも、高度な文脈依存言語である日本語を共有する限り、多くを語る必要はなく、共有文脈（かつては「場」、現在は「空気」）による縛りがあるので、同調しない人間は最初から排除されますが、「空気」を読んでいる限り、日本人と一緒にいると居心地が良く、安心できるので、日本国内で居心地の悪い環境をつくるのはなかなか難しいと思います。数カ月でもいいので、1人で海外で暮らす経験をさせるのが良いのではないでしょうか。

必ずしも留学でなくてもよいと思いますが、日本人と一緒にいない時間をつくるという点では、短期の語学研修は積極的にはお勧めしません。語学研修は日本人も多いので、相当に意思が強くないと、ついつい日本人とつるんでしまうからです。

また海外で生活をするなら、現地を知ることが最も重要ですが、語学研修のような海外からの人間の集まりの中にいても現地のことはあまり学べません。しかし、日本人以外の語学習得者から学ぶところは多いので、お子さんが、日本人とつるまない固い決意があるのであれば、短期の語学研修でも得るものはあるでしょう。

カナダやオーストラリアのワーキング・ホリデイも良いと思います。海外でお金をもらって働くことは貴重な経験だと思います。ちゃんと働かなければ、ワーキング・ホリデイといえども、速攻で解雇されることもあります。

また、海外のNPOを探して、インターンシップを経験することも良いでしょう。NPOで働く場合は、ある程度、責任のある仕事を任される機会も多いので、得るものが多いと思います。給料は出ないかもしれませんが、住居くらいは斡旋してくれるのではないでしょうか。それも、交渉次第ということが多いでしょう。お子さんが**自分で交渉することで、交渉術を学ぶ機会を得ることも非常に重要です**。グローバル化が進み、多様化する社会では、「当たり前」は存在しないので、何事も交渉が必須だからです。

今の日本社会は、親が何から何まで先回りしてやってしまうので、これでは、子供に自活力はつきません。しかも、昨今の日本の社会は、決めごとは決めごととして変えられないという意識が強く、効率的とも言えますが、硬直的な社会でもあり、個別に交渉する機会はほとんどありません。

これは、学生のみならず人は皆同じ、例えば、新卒の人材は、会社の人事にとって、大学名ごとに「一山いくら」という社会であるからでしょう。これは、グローバル化する世界の中ではかなり異質な社会です。いくら、文部科学省が個性だの個人の能力が重要であると主張しても、現実は社会に出れば「一山いくら」です。そもそも文部科学省のキャリア官僚でさえ「一山いくら」の産物ですから、彼らの主張どおりにならないのは当然ではあるのですが。

留学の場合、1から10までお膳立てするアームチェア留学（ビザなどの書類も準備され、空港に留学生を集合させて現地に引率し、現地では、すでに寮がセットされていて、プログラムに従って現地で生活する）は避けた方がいいでしょう。親が心配し、大学も何かあった時のことを考えてリスクを回避するので、このような留学形態になるのでしょうが、筆者は、これでは、学生が本来留学から得られるはずのものの多くを、最初から排除しているとしか言えないと思います。せっかくの留学の機会を十分に活用できないので、お勧めしません。

大学の提携校という選択肢もありますが、その場合でも、なるべく日本人の多くない学校を選ぶべきでしょう。そして、留学先の大学との交渉、ビザなどの渡航手続き、住むところの手配など、留学の準備は、お子さんが自分ですべてやるくらいの気概が欲しいところです。昨今のインターネットの環境を考えれば、必要な情報を入手したり比較したりといったことは容易にできるはずです。事前準備と現地での情報入手の容易さは、昔とは比較になりません。

できるだけ日本人とつるまないとの観点からは、寮よりホームステイが良いと思います。日本での一般的なイメージとは違い、慈善ではなく、経済的理由でホームステイを受け入れているケースがかなりあるので、お客さんのような待遇を期待してはいけません。留学先のリアルな社会を知ることができるという点では有意義ですが、日本人の感覚からすると、貧しい家庭と感じることが往々にしてあるでしょう。

金品の管理もきちんと行わないと危ないという意識も持つべきです。これは、ホームステイを仲介している会社の注意事項にも書かれていることですが、学生の多くは、仮に読んだとしてもスルーしてしまい、日本の感覚のままでいて痛い目に遭うことはしばしば起こります。しかし、これも良い経験と思うべきでしょう。私の教え子も何人か同じような経験をしていますが、皆、良い経験になったと言っています。

できることなら、自分で交渉し、日本人以外とシェアハウスなどをするのが良いかもしれません。最近は、ネット上でいくらでも相手を探すことができるので、是非トライしてみるべきでしょう。日本人はあまり見かけませんが、フランスの大学に来る留学生たちの間では、新学期が始まる前に、ネットなどでシェアハウスの希望者を募ることはごく普通に行われています。

金銭的に余裕があれば、アパートを借りるのもいいでしょう。契約や行政手続きをはじめ、ガス、電気、電話などの開設手続きや家賃を払うための銀行口座の開設など、日本とは違い、いろいろと手間がかかり思うようには進まないのでストレスがたまりますが、忍耐強くなり、交渉力も身につくので試してみるといいと思います。ここでもネットの情報は役に立ちます。

留学先は、英語圏以外であると、なおさらいいのではないでしょうか。もし、お子さんの英語力が十分であれば、バックストップとして英語ができることの安心と心理的優越感を得られると思いますし、英語が通じることがいかにありがたいかも実感するでしょう。もし、英語ができなければ、共通語である英語を使えることがいかに重要かを痛感すると思います。

アジア圏に留学するのもいいかもしれません。現地の社会は欧米とは異なった論理で動いていますが、その一方で、社会をコントロールする階層は、その思考の点で欧米人に近く、その家庭の子弟は英語環境で育っているという二層構造が存在することを理解することも、有意義であると思います。日本は世界でもまれに、社会をコントロールするであろう階層（政治家や企業のトップマネジメントや学者など）の人々が英語を話せず、思考の点でも特異な国であることを実感すると思います。

留学先の社会の中に溶け込んで暮らせば、その社会での危険の度合いも肌で感じることができるでしょう。外国人観光客と映れば、スリの格好のターゲットになります。パリでは、早朝や深夜の空港に向かう電車などで、車中堂々と観光客の荷物をひったくろうとする輩に出会うこともあります。観光客が「これは私の荷物だ」と言うと、「これは私の仕事だ」とひったくり犯が言い返すという冗談のような話があるくらいです。筆者も仕事でパリにはよく行きましたが、空港からの朝晩の電車は使いませんでした。

また、あくまで筆者の経験に基づいた印象であり、国や地域により異なりますが、一般的に、ヨーロッパと比較すると、アメリカの方が人種的偏見は少ないと感じます。これは、田舎に行けば違うかもしれませんが。多くの日本人は人種的偏見というものを経験する機会が少ないので、良い悪いは別として、世界の現実を知るとの観点から、ヨーロッパでの人種的偏見の強さというものを体感するのも、貴重な経験の一つになると思います。

日本人も、「ガイジン」である外国人に偏見を持っています。しかし、その自覚がないのです。往々にして偏見を持っている側は偏見を偏見と意識していないだけなので、偏見を持たれる側に回ってみるのも、一つの経験であると言えるのではないかと思います。日本人の多くが差別される側になるという経験をすれば、日本人特有の、外国人を一括りにまとめて「ガイジン」と認識するという意識も変わるのではないでしょうか。

最も効果的な方法は、半年なり一年なり、何かの目的（例えば、世界の日本贔屓の「オタク」のコミュニティを探すなど）を持って、大まかな予定で世界をひとりで旅行することでしょう。細かい旅程や宿泊先は適宜決めるといった具合です。男女を問わず、私の教え子にも何人かいます。

最近では、2018年4月に開催されたレッドブルの「Can you make it?（欧州各都市から出発し、レッドブルとの物々交換だけで、7日間でゴールのアムステルダムにたどり着けるかを競うレース）」に、日本代表に選ばれて参加したツワモノがいます。これを実行するためには、本人の決意の他に、それを受け入れる親の覚悟も必要になりますが、得るものは多いと言えます。一カ所に長く滞在するのではなく、移動を続けることは、現地社会を十分に理解することができないというマイナスの面もありますが、社会間の相違の大きさを短期間に体感する良い機会となります。間違いなく、交渉力に加えて危険を察知し回避する能力は高くなります。

留学をはじめ海外で暮らすことの価値は、自分の常識は必ずしも常識ではないということに気づくことと、想定のできないところに身を置くことにあります。

当然、居心地は悪いと思います。居心地が悪いとは、想定外の事態が多く発生することであるからです。重要なことは、若いうちに、想定外の状況に直面した時に、いかにその状況に臨機応変に対応するかを学ぶことにあるのです。

リスク管理の癖をつける

ここまで述べてきた**「自ら居心地の良い環境を離れ、新たな環境、すなわち居心地の悪い環境に敢えて身を置く」ということを通して、いったい何を身につけることができるのか**を考えてみましょう。

筆者は決して物見遊山で勧めているわけではありません。親も教員も頼れる友人もいない、想定外の事態が多く発生する居心地の悪い環境に身を置いていれば、当然、誰かが何かをしてくれるというわけではありませんから、リスク（生命の置かれる環境、生命の安全や健康、自分の資産等に、危険・傷害や損失などの不利益な事象が発生するであろう確率、ないしはそれにより想定される損失のこと）を取らなければ状況は改善しません。

リスクを取ろうとすれば、当然、その見返りのベネフィット（受益）を考え、ベネフィットとリスクを天秤にかけて、ベネフィットの方が高ければリスクを取りにいきます。その逆であれば、リスクを最小化する努力をした上で、リスクを取りにいこうとするかもしれません。いずれにしてもリスクというものを考えることになります。

何事においても、リスクというものは存在し、リスクを伴わないことは存在しないことを理解することになるはずです。つまり、日本でよく言われる「100%安全です」ということは存在し得ないということを知ることになるのです。

「安心（これは、『100%安全です』と言っているに等しいのですが）」という言葉の大好きな日本人にとって、リスクは馴染みの薄いものです。ここで、「安全」と「安心」という言葉の定義を考えてみましょう。

「安全」とは、リスクを対象として取り上げ、そのリスクを最小化して、客観的にリスクとベネフィットの軽重（正確には、リスクを最小化するためのコストと、享受できるベネフィットの比較）を判断して、一定レベルのリスクであれば受け入れる（リスク・テイク）ということを意味しています。

一方、「安心」は、リスクを対象化することなく、主観的にリスクがないと感じることができる状態を求める、つまり、基本的にはリスクの存在を認識することなく、リスクを回避することを意味します。

しかし、現実としては、リスクがないという状況はあり得ないので、実態としては、安心とは、他者に「リスクをよろしく」と丸投げする「リスクゼロ願望という名の無責任」ということでしかないのです。

このように、**「安全（客観的なリスク・テイク）」と「安心（主観的なリスク回避）」は、水と油のよ**

うに、**全く交わらない正反対の概念です。**それを、政治家を筆頭に、お役所からマスコミまでが、何の違和感もなく併記するということは、日本人が、いかに言葉の定義に対して鈍感かということを示していると言えるのではないでしょうか。

重要なのは、この定義の違いを理解し、リスクを取る「安全」という観点で考えることなのです。そのためには、意識的に「安心」という言葉は使わないようにするくらいに自分を律することが必要だと思います。

繰り返しになりますが、安心の実態とは、「他者にリスクを丸投げで委ねるリスクゼロ願望という名の無責任」でしかありませんが、これを機能させたのは、戦前の革新官僚の国家社会主義者（個人のリスクも含めて、国がすべての面倒を見るという家父長的意識が強い）以来の日本の伝統でしょう。「安心」を与えておけば、国民は、選挙権はあっても思考停止状態となり、考えることなく現状肯定となるので、国家、すなわち政治家と官僚は管理しやすいというわけです。戦後半世紀以上をかけて、その構築に成功したのが現在の日本社会（しかし、その結果、リスクは全部国家にお任せとなってしまい、財源が困窮する中で、権利意識は強く、権利を主張する一方、当事者意識が欠如した国民の無責任さに、政治家と官僚が苦慮する事態に陥っているという皮肉な状況）です。

このような社会で育ち、加えて親（特に母親）は子供のリスクをすべて排除することにその存在を懸けているので、子供たちにリスクを取る意識がないのは当然であり、リスクに対する意識が低いことはいたしかたないと言えるでしょう。

しかし、かつてのように、「それはそれで、仕方ないね」というわけにはいかないのが、「デジタル・テクノロジと融合したグローバル化」という環境です。重要なのは、まず、お子さんが「自分のリスク意識が低いことを自覚すること」です。

何事も、他人、特に親の手を借りないで、一から自分で計画し、自分ですべて実行してみないことには、何がリスクなのかを見いだすことはできません。自分で実際に事を起こしてみて初めてリスクを察知する力もついてくるというわけです。結果として、状況を改善し前進するためには、リスクは取るモノであって排除するモノではないということを徐々に学ぶのではないでしょうか。**リスク管理（マネジメント）を体に埋め込む、つまり、リスク管理の癖をつける**のです。

リスクに対する感度を上げることは、結果として変化を察知する力をつけることになります。なぜなら、リスクは変化の中に潜むからです。多様化するグローバル化社会では、変化を察知する力が非常に重要になります。

ダイバーシティの本当の意味を知っていますか

「デジタル・テクノロジ革新主導のグローバル化」が進み、不確実性が高くなる社会環境では、正解は一つではありません。正解があるかどうかさえわからないのです。そして、その正解すらも、将来も有効であるという保証はないのです。

個人の才能や志向とは関係なく、全員に同じ教科書で同じ内容を教える、工場労働者や企業のホワイトカラーを生産するための現在の教育制度、言い換えれば、社会は漸次的にしか変化せず、世代間で価値観を共有するという前提で、社会全般に受け入れられる常識と知識を教えることを目的とする、過去の知識の積み上げでしかない現在の学校教育では、変化の激しい状況に対応することを教えるのはもはや無理であると思います。環境変化に適応できないという点では、現在の教育制度の頂点であり、優秀と目される東大生とて、この例外ではないのです。

その観点で考えると、日本社会の同質性も深刻です。そもそも不確実性が高い、変化の激しい世界に適応して生き残るには、ダイバーシティ（多様性）は当たり前のことではないでしょうか。なぜなら、同質的であるよりも多様化している方が、環境変化への適応の成功確率は高いからです。日本人の好む同質的な集団・社会とは、環境が大きく変化しないことを前提に置く、戦後の高度成長時代に機能した、かなり例外的なものであると考えるべきでしょう。

しかし、それを日本の美しい伝統であると思い込まされ、どのような状況でも機能すると考えるのは危険であり、そう教えるのは無責任であると思います。グローバル化する世界ではダイバーシティが当たり前であり、ダイバーシティの排除はむしろリスクと捉えられています。

ところが、日本の企業では、本来の意味と異なり、企業での社会的弱者の受け入れと理解され、それがそのまま日本におけるダイバーシティに関する一般的認識となっています。これは、社会から排除された弱者（劣位を前提にしないためにマイノリティとも言い換えます）という存在を社会に再び包摂するというソーシャルインクルージョンを企業組織に当てはめたもので、個人の権利としての選択の権利を前提に置くダイバーシティとは本質的に異なります。

現在、グローバル化が急速に進む中で、社会が急速に多様化に向かうのは必然と言えるでしょう。しかし、読者も知ってのとおり、多様化が最も進まないのは日本の社会です。掛け声をかけても、実態は変わらないのです。多様性の意味するところ、つまり本質を教えず、また、理解することもなく、ただ掛け声で多様性は重要であると言うだけなので、実態が変わらないのは当然と言えます。

安倍総理大臣は、移民を嫌い（労働力不足に直面し、政府は外国人労働者の積極的受け入れに舵を切りましたが、それは移民ではなく、「単身で、いつか必ず帰る、非熟練の外国人労働力」の継続的な受け入れであるというご都合主義的な見解です）、難民と移民の違いも理解していないようですし、2015年のラグビーワールドカップの代表選手の紹介の報道で「10人が外国出身（5人が日本国籍取得者で5人が外国籍者）」と言って、公然と「日本国籍を有したガイジン」という奇妙なカテゴリをつくり区別する多様性の無さです。本来であれば、代表選手のうち5人が外国籍でいいはずです。そうならないのは、日本国籍を持ったガイジンという、奇妙な区別（これに価値判断が加わると差別になります）を無意識にしているからです。日本人には2種類あると捉えることは、差別につながる区別であり、多様性とは到底言えないと思います。多様性に積極的な区別はいりません。

この「日本人（日本国籍を持つ日本人）は特別」という意識は捨てた方が良いでしょう。日本の本当の良さは日本人にしかわからないという意識に基づくガイジンという発想は、捨てるべきであると思います。

日本の文化の良さをフランス型のオープン化（外国人であっても、日本語を習得し、日本の教育を受ければ、日本人と同等に日本文化を理解できる）にしてしまうと、日本の本当の良さは日本人にしかわからないという暗黙的な前提が崩れてしまうので、ガイジンというカテゴリを捨てようとしないのです。その一方で、日本の文化には普遍的な良さがあるので、世界で評価されると主張する人の頭の構造はまるでわかりません。

このガイジンという意識を頑なに守ろうとすると、日本人は結果として、世界のガイジンになるのです。現在、安倍首相率いる「列車日本号」は、たとえご本人の思いは別にあったとしても、「世界のガイジン」への道を爆走しているので、読者のお子さんたちは、早く下車する準備を進めた方がいいでしょう。

日本にいると実感がないかもしれませんが、日産のゴーン会長逮捕も、世界的にみれば、やはり、日本人は近代法の基本原理である推定無罪を理解できない「ガイジン」だという認識を植え付けただけでしょう。

他人《ひと》と違って何が悪い

繰り返しになりますが、そもそも同じ年齢の子どもを一カ所に集め、長い期間にわたって同じことを教える公教育に多様化を求めることには無理があります。多様化を認められない公教育の好例は、不登校を防ぐ議論においての前提である「不登校は問題」という認識です。そもそも、「不登校の生徒」というレッテルを貼ることに意味はあるでしょうか。真剣に考えれば、マス教育に合わない、好まない子どもがいることの方が普通ではないでしょうか。同じ年齢の子供を集めて、延々と教室で教育するという方が異常ではないか、という発想がないのです。実際、アメリカでは、学校教育を否定する脱学校（unschooling）が新たな試みとして注目を集めています。

日本での公教育の目的（イギリスでの工場労働者の育成が始まりですが）は、国家に都合の良い国民を一律に養成するために始まったと言ってよいかと思います。公教育の目的が一定の知識を獲得することであれば、家庭学習でもフリースクールでも形態は構わないはずです。皆で、高卒認定（高等学校卒業程度認定試験）を受ければ良いのです。

しかし、日本では、議論がこの方向には進みません。おそらく、実際に行うと、多くの高卒者が高卒認定を取れない（中卒比率が跳ね上がる）という事態が発生するので、それでは学校教育を管理する文部科学省の面子が立たないということでしょう。

国家が単一的な学校教育にこだわるのは、「規律訓練を通したこどもの社会化」ということも、学校教育の重要な目的としていることがあるでしょう。しかし、小学校からこのような単一的な教育しかしないので、意識の多様化ができないのです。つまり、日本における公教育での多様化は、「水の上で走れ」と言っているようなものでしょう。

不確実性の高い社会環境への適応という意味での社会の多様化という観点で考えると、他人

と違って当たり前であり、むしろ他者と同じではリスクが高いと思うべきなのです。そもそも、協調性の重要性を過度に強調（これは、国語教育の根幹である読解力と呼ばれる、自分の意見を捨て、「筆者は何を考えているか」と、過剰なまでに他者を思いはかることを高く評価する）し、同質的であることをことのほか尊ばせようとする、現在の日本社会の流れに取り込まれて、皆が他者と同じままでは、環境適応の新たな試みなどは生まれないでしょう。未踏の課題に挑むには、社会のダイバーシティが必須なはずです。

まずは、お子さんに、集団に対する過度な帰属意識を持つ日本人の傾向を理解させ、意識として、集団とは帰属ではなく参加するものであることを踏まえ、集団との心理的距離を取ることを理解してもらうことが重要です。

集団を考えず、個人のことしか考えないアメリカ人には、集団へのコミットメント（チームのために）が必要かもしれないですが、**自らの意見を持たず、集団のことしか考えない日本人には、集団からのディタッチメント**（チームとは距離を置く）**が必要**なのです。

ここで、覚えておいてほしいのは、**社会のダイバーシティが高まるということは、自分と違うものへの許容度を高めるということでもある**ことです。現在の日本人にとっては、これは、居心地が良いというより、居心地の悪い方になると思いますが、それによって、脳の柔軟性と環境適応能力は高まると言えるでしょう。

クレバーでなくスマートになる

日本の教育は、戦後から一貫して規格品としての「クレバーさん」を生産してきたと言えるでしょう。その中で、東大を筆頭にした序列があるのですが、規格自体は同じで、社会の認める品質の程度（品質の安定性と絶対品質）の違いがあるだけです。

クレバーさんを育てる教育の本質は、「正解は一つ」を前提として、外部知識を習得する学習能力の程度を評価する、いわば、結晶化した固定的知能を引き上げることであったと言えるでしょう。これは、環境の変化が緩慢で不確実性が低く、十年一日同じことを教えても、それが機能した時代の産物であり、理解力が高く、ミスをしなければ良いわけです。故に暗記が意味をなすわけですが、ミスをしない優秀な自動販売機のようなものです。

別の言い方をすれば、地雷源を踏まないように地雷を避けて通る、リスクを取らない賢い人材、減点主義の下でその真価を発揮する人材です。かつて東大生がこぞって官僚と都市銀行に就職しようとしたのは当然といえば当然です。

しかし、グローバル化という不確実性の高い環境では、かつて意味のあったことは意味をなさないケースが増えてくるわけで、教える内容も急速に変えなければならないはずです。そのためには教える側が急速に変わらなければならないのですが、言うまでもなく、現実は全くそうなっていないのです。

かつての一律な受動的教育は機能しない状況です。故に、学生各自、つまり、読者のお子さんの自発性をいかに引き出すかが重要になりつつあるのです。親のミッションは、ここにあります。

そもそも不確実性が高ければ、地雷がどこにあるかは過去の知識や経験を積み上げてもわからないはずです。求められるのは、リスクを取って地雷源に入っても地雷を踏まない人材になることです。否、積極的に地雷源に踏み込んでも地雷を踏まない人材が求められるのです。つまり、教科書的で硬直的ではなく、状況に応じて最適解を探せる柔軟性を備えた人材です。これは知識ではなく知恵の領域の問題です。これは知識ベースの結晶化した固定的知能ではなく、知恵ベースの流動的知能と言えます。

このような人材を「クレバーさん」に比して、「スマートさん」と呼びましょう。

知恵は、経験からしか身につきません。**異なる経験をするほど、知恵の程度は高まるのです。故に、自ら居心地の良い環境を離れ、新たな環境、つまり、居心地の悪い環境に敢えて身を置く意志と勇気が必要になる**と言っているのです。

もちろん、居心地の悪い環境に身を置くとは、諦めではなく、その状況を打開しようとあがく過程での苦闘であり、そうした姿勢の問題です。今後、読者は、お子さんが「クレバーさん」ではなく、「スマートさん」を目指すように導いていかないといけません。

今、お子さんたちに求められているのは、既存の教育によって、脳をより高速にするのではなく、脳をより柔軟にすることです。そして、既存の教育では、脳は柔軟にはならないので、自分でリスクを取って、より多くの経験を積まなければならないのです。学習塾や予備校に行って「四角い頭が丸くなって」も、柔軟にはならないでしょう。

変化の少ない居心地の良い環境にいると、予見性が高いので、脳はメンタルモデル（経験の繰り返しを通した慎重な分析の上に形成された、つまり、学習された安定的な実世界に対する思考の固定的なプロセス）をつくります。一度メンタルモデルが形成されると、脳は時間とエネルギーを節約するために、状況分析を行わなくなる、つまり、働かなくなるのです。

しかし、ひとたび環境変化が起こった時には、このような脳はどうしてよいかわからず、その変化に対応ができなくなるのです。**不確実性の高いグローバル化社会においては、学習したことを敢えて捨てていく、つまり、無意識のうちにメンタルモデルが形成されることを未然に防ぐために、「脱学習（unlearn）」をすることが重要になる**のです。そのために、敢えて、自らを居心地の悪いところに置くことが必要になるのです。

人の能力は、獲得能力、すなわち環境・教育（日本の教育が教える努力）だけではなく、それに加えて、生得能力、すなわち遺伝子などから成り立ちますが、経験が遺伝子の発現を促す、つまり、環境によって、遺伝子の発現そのものが左右される（専門的には、epigenetic——遺伝子が表現型を作るために周辺環境と相互作用することを言います。この意味で、単純な遺伝子決定論は必ずしも正しくない）ということを覚えておいてほしいと思います。

第4章

競争を面白がり成長を求める姿勢

――何事も「楽しく」ではなく「面白く」

留学生の目に映る日本の社会とは

アイルランド人の留学生から興味深い話を聞いたことがあります。その留学生の目に映る日本社会は、学生（含む子供）か老人であれば、とても住みたいけれども、働き盛りの世代としては、住みたくないと言うのです。

確かに、安全で安心と思える社会で、責任なく自由を謳歌できる日本の学生の身分は最高ですし、政治家を筆頭に既得権益維持のために、有権者の多数を占める老人に都合の良い「好老主義」を最優先していることを考えれば、老人に居心地の良い社会であることは、容易に想像できます。

しかし、働き盛りの世代であれば、住みたいと思わないのはなぜでしょうか。

聞けば、日本の社会人は、競争もないが、プライベートもなく、つらそうに長時間働いていると言うのです。

電通の事件を契機に、いかにも極端から極端に振れる日本人らしく、働き方（正確には働かせ方）改革という御旗の下に、今度は一律強制退社（いかにも多様性のない日本社会を象徴しています）にまで至っている状況ではありますが（残業代が生活給化している実態を考えると、日本の長時間労働の議論の中身は再考すべきでしょう）、留学生にとって、日本社会は、仕事をする上で、競争もないがメリハリもなく、ひたすら仕事に時間を割く、面白みのない活気を欠く社会に映るようです。

本来、仕事とは、金銭を得るために時間を提供する労働と、金銭とは関係なく自己や社会的目的を追求する活動の二つの要素を併せ持つものですが、日本社会においては、実は、前者のウェイトが圧倒的に高いということでしょう。仕事に行くではなく、会社に行く（帰属集団である会社に行っていれば給料をもらえる）という表現は、それを端的に表していると言えるかもしれません。個別の目的遂行のために差別化が求められる後者には、当然ながら競争がつきものです。

欧米在住経験の長い筆者には、確かに日本社会は、競争というエートス（空気）が感じられない社会に見えます。天然資源に依存する国家（ノルウェー、オーストラリア、中東の政治的に安定している産油国など）の社会は、総じて競争という空気は薄く、高税率・高社会福祉国家も同様であると言われています（スウェーデンが示すように、楽をさせないのと競争が厳しいのとは別です）。それは、当然でしょう。

しかし日本は資源国家ではなく、決して高社会福祉国家（日本は低負担・中福祉国家です）でもありません。むしろ、天然資源がないので、人材がすべてと言っているくらいですから、普通に考えれば人材育成には競争が必要なはずです。それにもかかわらず、日本社会には競争の空気が感じられません。

筆者も含め日本人にとって、日本社会は、頭を使わなければ、つまり「人と違う事を考えなくては生き延びられない」と思わなければ、自分の考えを主張する必要もなく、競争する必要もなく、気持ちの良い、居心地の良い社会です。

受験競争があると言う人もあるでしょうが、しょせん大学に入れば「ところてん式」に卒業できますし、世界を見れば、日本などは大した学歴社会ではありません。大学を卒業していなくても大学教員になれる国は稀です。全く競争のない社会などは存在しないので、この程度で日本が競争社会であると騒ぐこと自体が、日本がいかに競争社会ではないかの証なのです。まさに、井の中の蛙でしょう。

奇跡ともいわれる復興を遂げた戦後日本では、高度経済成長と社会システムの社会主義化の成功により「皆で底上げ」に成功して、国民すべてが「一億総中流」と感じることのできる社会をつくりあげました。この過程で、団塊世代を筆頭に皆で猛烈に働き、年功序列（正確にはライフステージに連動した生活保障給与ですが）と終身雇用制度（終身雇用なので定年制があるのです）の中で、相手を出し抜く権謀術数の出世競争こそあっても、本来の競争を忘れ去ったのではないでしょうか。

本来の競争とは、差別化（自分の強み）を意識して優位に立つことであり、なりふり構わず猛烈に働くことではありません。カイゼンに象徴される世界に誇る日本品質も、戦い方を考えなければ単なる過剰品質です。アメリカも、一九六〇年代までは、GMやGEなどの大企業では、年功序列と終身雇用を採用していたのですが、その後、市場の自由化に伴うアメリカ国内の製造業の競争力低下と企業の国際化に伴って、現在の競争社会へと大きく転換しました。

一方、日本では、バブル以降、アメリカ同様に製造業が競争力を失い、終身雇用制度や年功序列の維持が困難であることが明白になった今でも、競争を忌避する空気が社会的に非常に強いと思います。成果主義などは競争ではなく、ビジネスでは当たり前なのですが、それすら拒否する空気が強くあります。競争を忌避する風潮は、むしろ強まっていると言えるでしょう。事実、社会が少しでも競争の方向に向かうと、競争のプレッシャーを予感して、癒やしブームやゆるキャラブームが起こるのです。

また、病気と呼ぶにはグレーゾーンの適応性障害と思われる「9時5時うつ病」（医学の進歩は新たな治療法を生み出す一方、新たな病気を増やす一面があります）など、自己申告のうつも増加していますが、自己申告であれ、いったんうつと診断されると、労災などのリスクが頭をよぎる会社側としては過剰に反応せざるを得ず、結果、本人にとっても良い結果をもたらさないことが多いように思います。今の日本人の多くは、ストレス過多と称することで、グローバル化によって強まるプレッシャーへの耐性を強めるべきところを、逆に弱めているように見えます。

成長のモメンタムを失い、同調圧力が強く、個人の自由が効きにくい日本社会で仕事をすることは、確かに面白くないかもしれません。

高度経済成長がもたらした豊かな企業社会にあっては、給与は横並びであったので、個人の実績に対し給与で報いることは難しく、企業の成長に関わる「面白くやりがいのある」仕事で報いるということが行われていました。しかし、バブル崩壊後、成長のモメンタムを失い、能力給（実際は実績給）制度が導入されると同時に、「面白い・やりがい」が失われ、「楽」に逆行する社会になったと言えるのではないでしょうか。

経済の停滞、事業環境の不確実性、競争力の低下に直面した企業は、リストラや人件費抑制（日本では給与の減額は極めて難しい）に動き、能力給とは、多くの従業員にとっては賃金カットとなったが故に、そうであれば、仕事は楽な方がよいという風潮が生まれたように思います。企業へのコミットメントが下がり、雇用不安を抱える中で、楽で安定的な仕事を求めるようになったのではないかということです。多くの大学生が、自分のためになる面白いことを探しに海外に出かけて行くより、楽をしたいので日本にいたいというのが日本の現状です。読者のお子さんはいかがですか。

事実、「働くのは、金銭を得るため」と答える、つまり、働くことを仕事ではなく労働と捉える若者が増えています。労働であれば、楽に越したことはありません。当然、楽を志向する社会に競争は禁句です。詰め込み（偏差値偏重）と競争を勘違いして、学校において過度に競争を忌避した（徒競走で、皆で一緒にゴールするなど）文部科学省のゆとり教育の影響も大きいかもしれません。

仕事に対しても、面白さではなく「楽」を志向すれば、日本社会は相対的に豊かで、これ以上の金銭的豊かさを無理して求めなくとも、コンビニもあって、便利でリーズナブルに生活することができて言うことなしです。

イデオロギーがなく、「絆」や「家族」や「仲間」といった言葉が意味する、身近な日常生活を重視するスモールワールドでの自己充足的志向（コンサーマトリー）が強くなり、リスクを取らなくなるのも当然だと思います。若者が「楽」を志向するのは、とても合理的です。読者のお子さんたちはいかがでしょうか。

しかし、その結果、社会というものに対する実感が持てなくなり、社会を担う大人としての当事者意識は希薄になります。昨今、よく使われる「絆」という表現には、仲間うちを大切にこそすれ、社会における当事者意識は感じられないのではないでしょうか。

典型例の一つが、一時期話題になった、地元（家から半径5キロ圏内）で生活する「マイルドヤンキー」でしょう。マイルドヤンキーを規定する学歴や収入という社会的属性を抜きにしても、心理的な意味での予備軍は多いのではないかと思います。お子さんは大丈夫でしょうか。

「ネバーランド・日本」の従業員になる覚悟はあるか

しかし、「競争」を忌避し、「楽」を志向する社会の行きつく先はどうなるのでしょうか。面白くなくてもずっと楽に生きられるなら、どこに文句があるのか、厳しい世の中に面白さを求めるなんて贅沢だ、というご指摘もあるでしょう。

実は、この競争のない社会を憩いの場と思う外国人がいるのです。金融やコンサルティングなど、激しい競争が当然のビジネス界でバリバリ働いてお金を稼ぐ、現代のエリート富裕層たちです（爆買いする中国本土からの一過性の観光客のことではありません）。

伝統的な富裕層ではなく、自らの力で財力と地位を手に入れた彼らにとって、治安も良く、昨今日本自らが強調する「おもてなし」という無償サービス（柔軟性がないとの批判も外国人から聞かれますが）もある、エキゾチック（秋葉原などはキッチュとも言えます）で、競争のない「緩い」日本社会は、戦闘モードをオフにでき、しばし現実を忘れさせてくれる憩いの場所（日常を戦場とすれば、平和の場。しかし、憲法解釈を曲げての集団的自衛権や軍需産業の強化によって憲法改正に驀進する安倍政権なので、今後、この訴求ポイントを失っていくかもしれませんが）であるようです。つまり、空想上の楽園、ネバーランドのようなもの、グローバル社会のエリートビジネスパーソンにとっての止まり木と言えるかもしれません。

東京という世界屈指のエキゾチックで不可思議な大都会と、京都という極めて閉鎖的な古き都を抱え、技術的には最新のテクノロジがそろう、テクノ・メガ・ネバーランドというわけですが、彼らにとって、非日常というポジショニングはブータン（こちらは、伝統的富裕層に訴求していますが）と一緒です。新興勢力であるグローバル・ビジネスエリートのためのリゾートと考えると分かりやすいかもしれません。この意味では、シンガポールの父と称される故・リー・クワンユー元首相が、「わが国は、世界中からお客さんに来てもらうホテルであり、国民はそのホテルの従業員である」と豪語したシンガポールに似ているかもしれません。

安倍首相は、ホテルではなく、世界の旅館と言いたいかもしれませんが、むしろ、一国の総理大臣が、世界の舞台でスーパーマリオのコスプレを披露するくらいですから、新種のディズニーランドという方が適切かもしれません。いずれにしても、グローバル・エリートから見れば、日本人はネバーランドに住むネバーランド・リゾートの従業員なのです。

ネバーランド化を推し進める原動力は、競争を忌避する日本社会の影響をもろに受けている競争意識の希薄な若者たちです。この国は、昨今、老人パラダイス化していますが、そもそもはガキパラダイスです。高校生や大学生、そして、最近は中学生までが、これほど無責任に好きなことを謳歌できる国は他にはないでしょう。事実、高校生や大学生に聞けば、「できれば高校生や大学生のままでいたい」という声が非常に多いのです。それ故、日本の大学はところてん式に卒業させるのかもしれません。

厳しく躾けられ、自由を制限されることが当たり前の欧米の子供たちから見れば、憧れの国なのです。アニメやマンガ、コスプレやコミケ、AKB48に代表される身近なアイドルなど若者主導の文化を「クール・ジャパン」である（末期症状を呈する「クール・ジャパン」戦略は、日本に少しでも関われば何でも「クール・ジャパン」という、ごった煮状態ではありますが）と言って、経済産業省が税金の無駄使い（貿易収支的な意味での投資に対するリターンは大して期待できなさそうです）をして海外にプロモーションしていますが、「クール・ジャパン」の本質は、その背後に競争の意識が皆無な「オタク」的要素を含んだ、このガキパラダイスにあるでしょう。

2020年の東京オリンピック・パラリンピックの開会式は、秋元康氏演出のAKB48ならぬJAPAN48で飾ろうという話が一瞬でも真剣に議論され、オリンピックとパラリンピックのマスコットを、小学生に投票させて決めることを発想する社会であることは、ガキパラダイスがこの社会においていかに重要であり、日本社会がネバーランド化しているかを象徴してはいないでしょうか。ちなみに、AKB48のスキームは、メンバーが10代であれば、アジアの中進国はさておき、欧米、特にアメリカでは、公の場で発表すると、虐待と批判される可能性があるでしょう。

「クール・ジャパン」をソフトパワーなどという輩もいますが、ソフトパワーとは、本来は、軍事、政治、経済などの分野で「自国の望むことを、相手に望ましいと思わせる力」であり、ハードパワーに対する国際政治の概念です。言い換えれば、ソフトパワーとは、相手が無意識・自発的に尊敬してくれることを意味します。対して、ガキパラダイスの「クール・ジャパン」で、日本が尊敬をされているとは思えないのは筆者だけでしょうか。

もっとも、日本に興味を持ってもらうという意味でのパブリック・ディプロマシーの側面は、否定はしません。オタク（競争意識はなく、経済的にも非合理的な追求的行動をする彼らの本質が、日本の魅力の一つになり得るのかもしれませんが、時間は投入するが、付加価値を付けようという意識はないので、生産性が上がるかどうかは定かではありません）も含めて、ガキパラダイスの住人は、海外の特定の人々を呼び寄せる力があることは事実です。

今、ネバーランド化する日本の若者たちは、ガキパラダイスの推進主体である一方で、ある種のジレンマに悩まされています。自分がネバーランドの住民に留まり、その従業員である限り、競争が基本のグローバル社会では生きていけません。しかし、自分が、平等を捨て、競争と大きな自由を欲すれば、居心地の良いネバーランドから出て行かざるを得ないのです。もし、多くの若者の意識が変われば、この競争の空気のないネバーランドは消滅するかもしれませんが、現在そのような流れがあるようには見受けられません。つまり、今の日本社会は、若者たちが意識しようとしまいと、若者のグローバル社会での競争力がなくなるほど、ネバーランド・日本の魅力は高まるというパラドックスにはまっているわけです。

極論すると、**読者のお子さんは、リスクを取って、ネバーランドの住人かつ従業員という立場を辞めて、競争社会で戦い、将来、ネバーランドにお客さんとして帰ってくるくらいの気概を持つか、当面のリスクを取らず、ネバーランドに留まるかという選択を迫られている**ということです。

中途半端な判断は、読者のお子さんにとって好ましいこととは言えないでしょう。筆者の目から見ると、現在の学生の多くは、グローバル化の現実を知りつつ、ネバーランドに留まることを望んでいるように見えます。

これは、平成26年版「子ども・若者白書」（全体版）の調査にある、他の先進国と比べて、日本の若者は、「自分自身に満足している」と「将来への希望」の比率が最下位である一方で、「うまくいくかわからないことに積極的に取り組む」の比率も最下位、それも僅差ではなく、日本だけが飛び抜けて低いという結果と一致します［*1］。読者のお子さんは大丈夫でしょうか。

大学教員としての筆者の使命は、一人でも多くの学生を、このネバーランドから出て行けるようにすることです。とどまりたい学生に無理に出て行けとは言いません。出て行きたいときに、出て行ける実力を身につけるようにしているだけです。

皆で貧しくなれば怖くない？

しかし、ネバーランドに留まることにもリスクがないわけではありません。

戦後日本が達成した平等社会は、そのメリットと裏腹に、競争という空気を排除し、成功者を妬む社会を生むこととなってしまいました。この傾向は、バブル崩壊後、平等社会の幻想が崩れるに従って顕著になっています。世界で、成功者をこれだけ褒めない、評価しない社会は特異ではないでしょうか。

日本の平等志向は、ある意味で歪んでいます。具体的には、機会の平等と結果の平等の両方を求めるという矛盾をはらんでいます。人間の能力には個人差がありますから、機会の平等を求めながら、結果の平等を求めることはできませんし、またその逆を実現することも不可能です。しかし、日本人はこの両方を求めているように感じられます。

この背景には、戦後の社会主義思想（ゴルバチョフが言うように、日本は世界で最も社会主義が成功した国です）の中で、生得能力としての個人の遺伝的能力差を認めず（故にソ連においては、遺伝学

＊1　https://www8.cao.go.jp/youth/whitepaper/h26honpen/tokushu_02.html#tz_13

は無視されたので、現在ロシアはこの領域での競争力は皆無です)、後天的な獲得能力のみを認め、努力すれば、皆が同じように能力を得られるという価値観の醸成がありました。これにより、努力は誰にでもできると、小さい時から教え込まれるということになりましたが、これ故、結果を出せない者は、努力不足と言われて非難されることとなったのです。

受験戦争などは、こういった価値観の象徴です。志望校に入れなかったのは努力不足として合理化され、この考え方の下では、機会を得て努力さえすれば、時間軸に差はありますが、結果は皆同じになるはずである、つまり、機会と結果の平等は矛盾しないということになるのです。

しかし、サラブレッドが示す通り、人間の能力は、生得的な遺伝能力と後天的な学習獲得能力から成りますから、機会の平等と結果の平等は両立しないのが現実です。

長時間労働を努力と評価する社会的価値観も、国民全体の生活が底上げされた高度経済成長時代にはうまく機能してきましたが、昨今の低経済成長と企業の競争力低下の中では国民の納得を得られず、格差の議論が社会的に過剰に盛り上がっています。努力万能を信じて必死に努力(「企業戦士」化や長時間労働)してきたのに、結果に差がつくのは理不尽であるという主張も、心情的には理解できなくはありません。

将来の人口動態と、「現在進行するデジタル・テクノロジと融合したグローバル化」による国家の力の低下と、企業のグローバル化、すなわち脱国家の流れの加速化を考えると、日本経済が成長軌道に回帰する可能性は極めて低く、日本経済は粛々と縮小していくと想定するのが自然であると思います。

それを認めたがらないのは政治家と官僚です。認めてしまうと、現在の社会保障制度の維持が不可能であることを認めることになるからです。

日本という国家が競争力と経済力を失いつつある中で、縮小均衡に陥り、負の分配をしなければならない日本社会では、努力をしても結果の出ない（取り分が減る）者、すなわち弱者が増加します。彼（彼女）らからすれば、努力をすれば必ず結果は出ると教育されてきたにもかかわらず、現状はもはや努力不足（弱者は少数）ではなく、努力をしても結果が出ない（弱者の増加）状況であり、それはおかしい、話が違うと言って、反逆を始めている状況にあると言えるのではないでしょうか。

現実は、時代を問わず、努力をしたからといって必ずしも結果が出るわけではありませんが、日本の戦後教育が、努力をすれば、誰でも必ず結果が出ると教えてきたことに、弱者の反乱の原因があると言えるでしょう。

その結果、社会的な意味での結果を出せない者（弱者といってもよい）に厳しい社会をつくってしまいました。皆に平等で優しい社会を作ろうと思った（であろう）為政者にとっては全く逆の結果となってしまったわけです。

日本社会の強い平等志向と、今後の日本経済の縮小を考えると、日本社会は、「皆で等しく貧しくなる社会、ひいては、貧しさを競う社会になる」と思った方がいいかもしれません。現在の論調を見るに、「皆で貧しくなれば、怖くない」というふうにも取れるのですが、現実は、「己の乏しきを憂えず、結果の等しからざるを憂う」、成功者を愛でない社会、言い換えれば、「弱者の強者化」が起こっていると言えるのではないでしょうか。読者のお子さんにとって、魅力的な将来が見込めそうな社会とはあまり思えませんね。日本の若者の多くが「将来に希望が持てない」と答えるのは当然かもしれません。

つまり、今の日本社会は、上方圧力ではなく、下方圧力の強い社会です。「会いに行けるアイドル」として登場したＡＫＢ48のあり方に代表されるように、切磋琢磨して自分を成功者に近づけるのではなく、アイドルを自分のレベルに引き下ろす社会です。民主的に聞こえるかもしれませんが、明らかに、上を目指して自分を引き上げる空気のない状態であり、それが社会に蔓延しています。Ｂ級ブームとＢ級グランプリの頻出もその表れといって良いかもしれません。

キーワードは「誰にでもできる」と「自分に近い」です。これは、上方圧力が前提のグローバル社会のルールの反対側に位置するものです。「誰にでもできないことが重要である」と言いながら、一方で、「誰にでもできる」ことを強調する今の社会的風潮は、おかしいと思うべきです。これは、次章のテクニーク万能社会にも通じる問題です。

今の日本社会は、自分より上の成功した存在（出る杭）を、貧しい弱者の側に引きずりおろし、平均を下げて、皆で貧しい弱者になろうという社会ではないでしょうか。皆が貧しい弱者なので、その結果、貧しい弱者はいなくなるという、貧しい弱者の平等に行きつくことになるのではないでしょうか。高い峰を作らない社会は、当然、平原になります。

今の日本社会は、お金持ちの数（所得が2000万円以上ある人は、給与所得者の1%に満たない）が減っているにもかかわらず、それ以上に貧しい人の数が増加しているので格差が広がる、まさに泥船状態です。ネバーランドの住人に留まることは、居心地は良いかもしれませんが、結果、泥船に乗ることになるという覚悟が必要でしょう。外から見れば、ある種のゆでガエル状態と言えるのではないでしょうか。

実際、泥船と認識しなければ、向上心を持たずとも、食べるのに困るわけでもなく、厳しい競争もなく、仲間もいるので、気持ちの良い状態かとも思います。しかし、ゆでガエル状態と言ったように、泥船に長くいるほど、外の世界で生き抜く力がなくなるので、泥船から外の世界に出られなくなります。

問題は、気がついた時には、時すでに遅しなのですが、沈みゆくとは言え、その泥船がいつ沈没するかはわからないことです。加えて、実は多くの泥船が存在し、どの泥船がいつ沈むかわからないことも問題かと思います。つまり、読者のお子さんには、**泥船に乗っていることを認識し、早い時期から、泥船から、いつでも下船できるような準備をする意識を持ってもらいたい**と思っています。

また、**競争のない、「誰にでもできる」が前提の社会に咲く「世界に一つだけの花」とは、誰にも振り返られない「世界に一つだけの花」である可能性が高いことを覚悟する必要がある**でしょう。読者の皆さんは、お子さんをこのような花にしたいでしょうか。

何事も面白くする工夫をする

居心地の良い、ネバーランドの住人を辞めることは、当面のリスクも高く、居心地の悪い環境にわざわざ出向いていくことを意味しているので、それなりの覚悟が必要です。しかし、加速化するグローバル化がもたらす不確実性の高い社会においては、「リスクを取らないことが、もっとも大きなリスクである」と認識しないといけないと思います。これは、読者もお子さんも、です。

それでは、ネバーランドの住人を辞して、新たな試みをする上で、そのリスクを軽減するためにどのような姿勢を持てば良いのでしょうか。

まず、どのような状況にあっても、その状況を自分にとって、いかに「楽しく」ではなく、「面白く」するかの工夫をすることが重要です。

「面白い」は「楽しい」とは違います。「楽しい」は、その環境が与えてくれる刺激であり、その意味で受動的です。そして、刺激にはやがて慣れるので、より強い刺激を求めるようになり、それに呼応して刺激がより強くなり続けなければ、「楽しい」と感じなくなります。刺激を無限に強くすることは不可能なため、刺激をより強くすることができなくなった時点で、「楽しく」なくなり飽きるはずです。つまり、「楽しい」には必ず終わりが来るのです。

そして、「楽しい」が外的な刺激である限り、その刺激が強まったからといって、本人が成長する保証はありません。むしろ、「飽きる」と裏表の「楽しい」は、当人の成長とは無関係です。その証拠に、「つらいけれど楽しい」とは言わないはずです。

一方、「面白い」は、「つらくても面白い」という表現があるように、つらくても本人の成長につながる坂道（実際は不揃いな階段）のようなものであり、能動的な意味合いを持ちます。そして、「面白い」と思っている限りは成長をしているので、常に上を見ることになりますが、自分が一番と思った時点で挑戦を辞め、守りに入るので、成長は止まり、「面白く」なくなるはずです。故に、成長するためには常に面白くする工夫が必要になります。

筆者は、世間の尺度では、仕事と働く場所（国）を頻繁に変えてきた転職組ですが、基本的に自分の努力で仕事を「面白く」できなくなった時に転職を考えることの繰り返しであったと思います。

今の環境が「面白けれ」ば、「わくわく」しているのではないでしょうか。この意味で、「わくわく」感を大事にするべきであると思います。読者のお子さんは、「わくわく」しているでしょうか。

まず、何事も面白くする「工夫」をするべきです。最初から面白いものはあまりないので、面白くする工夫はとても大事です。

もし、工夫をしても、面白くならなければどうするか。それは、自分のやりたいものではない可能性があります。そうであれば、次は、後悔をしないような選択をするべきです。

そして、選択をしたら、その選択が正しいかどうかを考えるのではなく、その選択を正しくするためにはどうしたらいいか、と考えることが重要です。選択を誤ったと感じたからといって、早々にその場から逃げてはいけません。一度逃げると、逃げる癖がついてしまうからです。この点も、読者のお子さんにはよく理解してもらわないといけません。

そして、何もしないで後悔するより、何かしてみてから後悔した方が圧倒的に良いと考えるべきです。迷ったら、まずは行動に移すことです。

昨今の日本社会では、競争心と欲望を持つことは悪であるという風潮があると思います。しかし、本当にそうでしょうか。やっていることが本当に面白ければ、結果として、他人に負けたくないと思うでしょうし、良い評価を得られれば、もう一歩先に行きたいという欲望も自然と湧いてくるでしょう。「面白い」と思って物事を追求すれば、結果、他の人にはできないことができるようになることにつながるのではないでしょうか。

そして、他人に負けたくないと思うことで、いかに他人と差別化をするかを考えると思います。このように、「面白い」を追求することは、結果として、競争心と欲望を自然と持つことになるのではないでしょうか。

結果的に、誰にでもできることではないことをできるようにすることを目指すことになり、その考え方は、昨今の日本社会の空気には反しますが、筆者には、それがいけないこととは思えません。あくまで自己の成長の結果としての競争心と欲望だからです。

より高い評価に、より高い経済的対価がついてくることはごく自然なことです。世の中、金銭価値がすべてではないですが、金銭（価値）をかたくなに排除するものでもありません。金銭を得ることによって自由になることは多いはずであり、さまざまな悩みや困り事を解決する手段にもなるのではないでしょうか。

良い競争、悪い競争

日本人には、そもそも競争とは、他人を踏み台にし、押しのけ、引きずりおろすことだと思っている人が多いように思います。長らく競争といえば、出世競争を意味してきたことの弊害でしょう。

しかし、相手を蹴落とし、自分の相対的な価値を上げることだけが競争ではありません。事前に必要となる武装をし、頭を使って良いパートナーを見つけ、試みを続けることで、結果として自分の絶対的価値を上げていくという競争もあるのです。「面白い」を追求するアプローチは、後者の競争です。

故に、各自が「面白さ」を追求する「結果競争」の社会とは、必ずしもギスギスしたものではなく、捉えようによっては、トライアンドエラーを繰り返す、つまりエラーも許容される、精神的にはかえって自由なものであると思います。

結果を出さなければいけないという意味では大変ですが、そもそも結果を出さなくてよい社会など、歴史的に見ても、この数十年の日本社会だけではないでしょうか。少なくとも、読者の皆さんには、「競争とは他人を踏み台にしたり、蹴落とすことなので悪である」とする、今の日本社会に流布している考え方を再考してもらいたいと思います。

加えて、競争をしないと、自分の強みを発揮できる機会は増えません。小学生の頃には、勉強からスポーツから美術やら音楽やらと、何でも1番の生徒がいたと思います。しかし、成長とともにそれぞれの分野での競争が激しくなり、1人ですべての領域で秀でることは困難になり、自分が得意で勝負しようとする領域を持つのと同時に、それ以外の領域については他の人に勝利する機会を提供することになります。そういった機会を通じて、多くの競争を経験すれば、自然と何が自分の強みであるかを探していけるはずです。

良い意味での競争とは、「人に負けないモノを追求しつつ謙虚になる」ことでしょう。

そのためには、

1　常に上(高いところ)を見る。下を見てはいけない。
下を見る(目線を下げる)ことは簡単だが、それは、現実から逃げることである。

2　常に多くのことに興味を持つように心がける。
それによって、自分の得意なこと、不得意なことを正確に知ることができる。

3　自負（限定的自信）の方がプライド（過去の成功をもって虚栄に転化しやすい）より重要であることを知る。プライドに固執すると、それを守るために切磋琢磨するのではなく、研鑽《けんさん》より容易な、相手を引き下ろすことを考えるようになる。

「面白さ」を追求するためには、多くの選択肢と選択の自由が必要です。そのためにも、読者のお子さんには、今から、自分の運命は自分でコントロールできるような状態にしておくことを心がけてほしいと思います。親が子供の未来をコントロールしてはいけません。

平等を求めて、皆で貧しくなる現在の日本社会を見て、「**自由よりも平等を重んじる社会は、（環境の幸運がなければ）その両方を獲得できない。平等よりも自由を重んじる社会は、（自分の力で）より大きな自由と平等を獲得できる**」という高名な経済学者であるミルトン・フリードマンの言葉を心してほしいと思います。

第5章

「課題」を発見し解決するマインド

――テクニークやハウツーは害になる

重要なのは「内容」であり「やり方」ではない

昨今、予備校や塾には、「勉強の内容」ではなく、「勉強のやり方」を教えることが一層求められています。子どもたちの受験だけではなく、大人向けのさまざまな分野の勉強の方法を解説するコンテンツも大流行ですが、日本の社会は、一体いつからテクニークやハウツーに走るようになったのでしょうか。

その始まりは、戦後の偏差値教育の中で、学習塾が試験の点数を上げるための方法、つまりツボとコツを研究し、宣伝するようになったことでしょう。受験戦争の勝者になるには、入試も含めて試験で高い点数を取らなければなりません。学校教育の試験においては、多くの場合、正解は一つなので、その正解に至る最も効率的な方法、ツボとコツのようなもの、別の言い方をすれば、テクニークが重要視されることは理解できます。筆者の学生時代にも、数学の参考書に「解法のテクニック」なるものがあったと記憶しています。

戦後の偏差値教育のもたらした、点取り競争という非常に単純な競争（ゲームというべきかもしれません）において、その最終目的は、東京大学を筆頭とする偏差値のより高い大学に合格することです。入学しさえすれば、その後の卒業と、一流大企業への終身雇用・年功序列での就職

（正確には、就社）が確約されていました。つまり、偏差値の高い大学に入学すれば、その時点で、人生一丁上がりの時代であったので、試験の点取り合戦で、いかに効率的に点数を上げるかのテクニークに、学生、親や受験産業の目が行ったのは道理でしょう。

この点取りのテクニーク重視の教育を受け、テクニーク様々で育ち、社会人になった世代は、社会人になっても、答えありきのハウツーに頼る、すなわち試行錯誤や工夫をせず、とにかく速く簡単にスキル・能力を高められると思われるやり方に群がることとなりました。実社会で「正解」はないにもかかわらず、社会に出ても「正解ありき」が前提で、正解に至る最も効率的な方法に関心が行く姿勢は、まさに三つ子の魂百までと言えるのではないでしょうか。

もっとも実社会で正解はないと言いましたが、戦後の高度成長時代を通して形成された終身雇用と日本型年功序列（ライフステージに合わせた生活給が根幹）が前提の日本社会では、実は、一生同じ会社で勤め上げる男性サラリーマンの夫と専業主婦、その二人の子供と持ち家という家庭像、つまり、「こうしておけば安心」という正解に近いものが社会で共有されていたと思います。皆で同じことをする、ほとんど多様性のない社会であり、その意味では、正解が存在した、わかりやすい時代だったのかもしれません。大学に行き、企業に就職し、結婚し、専業主婦の家庭で、子供をつくり、ローンで家を買い、退職金でローンを完済し、あとは余生という絵に描いたようなライフステージを皆で共有していたわけです。

しかし、「加速化する技術革新と融合したグローバル化」が進む中で、「こうしておけば安心」の前提である終身雇用と年功序列を維持することは難しくなり、実際は、**社会における「正解」は何かが分からなくなりつつある**のですが、その流れとは裏腹に、昨今の日本の学生は、「正解は一つ」という意識がより強くなってきているといわれています。

筆者も、学生のみならず、若い社会人と議論をしていると、「正解を教えてください」と言われることがままあります。そういう時に筆者は、なぜ正解があると思うのかと聞き返します。そうすると、想定外の返答なので、ほとんどのケースで、何を言われているのかわからず戸惑いを見せます。こうした想定外の対応を見せることが、彼らを教育する上でとても重要であると思います。

受験戦争での点取り合戦の激化と「正解は一つ」という学生への刷り込みの強さには、さすがの文部科学省も問題であると思ったようで、通常の入試に加えてAO入試などを推し進めていますが、結局、AO入試合格のテクニーク、AO入試面接のハウツーで、予備校業界を潤しただけではなかったでしょうか。

実際、文部科学省のこれらの施策を見るに、やはり小手先だけで、この「正解は一つ」、または「正解ありき」という、これからの世界に合わない考え方を改める気は全くないようです。

ご存じのように、文部科学省は2018年1月~2月に発覚した大阪大学や京都大学などでの入試の出題ミスが合否判定に影響したこともあり、人生を左右する入試（教育改革を声高に言うのであれば、この人生一発勝負、敗者復活のない仕組みをまず変えるのが、文部科学省の仕事ではないでしょうか）だけに、再発防止は不可欠であるとして、同年6月5日に、２０１９年度入学生の試験から、大学入試の解答を原則として公開するようにと、「平成31年度大学入学者選抜実施要項」［＊1］なるものを国公私立各大学等に通知しました。

文部科学省は、この実施要項で、「解答については、原則として公表するものとする。ただし、一義的な解答が示せない記述式の問題等については、出題の意図又は複数の若しくは標準的な解答例等を原則として公表するものとする」としました。やはり、正解はあることが前提なのです。そもそも一つしか正解がないであろう数学ですら、採点にあたって、正解でなくとも、正解に至る解法のしかたや考え方を評価して採点する部分点が重要となるご時世に、まさに逆行そのものです。

文部科学省は、この通知は大学側に公開を義務付けるものではなく、判断は大学側に委ねられていると主張していますが、大学への補助金分配を牛耳っている文部科学省の言うことを大学が無視できるとは思えません。要は、霞ヶ関のお役所のお定まりの「われわれは強制してい

＊1 http://www.mext.go.jp/component/a_menu/education/detail/__icsFiles/afieldfile/2018/06/07/1282953_02_1.pdf

ないので非難される覚えはありません」と責任を回避する一方で、「忖度はお忘れなく」という、相も変わらずの情けなさです。

この大学への通達で、大学は公表した「一つの正解」に疑義の出ない選択問題に、より傾斜し、受験生の思考のプロセスの柔軟性や多面性を計ることをやめるでしょう。これは、今後一層の多様性を求められる受験生のためにも、生き残りをかけて多様な学生を必要とする大学のためにもならないでしょう。

筆者は、ゼミ生を募集するにあたり、学生の多様性を最も重視します。いくら成績が良くても似た学生は取りません。いかに相互作用を起こす可能性のある多様な学生のミックスをつくるかにもっとも注力しています。

事実、私の勤務する大学の学部でも、テーマに即した自由記述の問題があります。意見の明確さと論理性を見ることが狙いの出題なので、当然、答えは千差万別であり、想定していないような、とてもユニークな回答もあります。これに標準的解答などというものを公開すれば、受験生はユニークな回答をしなくなるでしょう。多様性は重要と言っている文部科学省がこの構造的な問題を理解しているかは疑問です。

大学受験までは、「一つの正解」をめぐっての単なる点取り合戦であったとしても、終身雇用と日本型年功序列を維持することはもはや難しいことが明白となり、競争原理を導入することが必要不可欠な現在の日本社会では、「正解のない」社会で自分の価値をいかに高めて他者との差別化を図るかが重要になるはずです。筆者は、学生には、自分はどこで勝負するのか（英語のedgeという表現を使いますが）をいつも考えるように指導しています。

しかし、世の中は、その差別化を図るために、個人個人で試行錯誤をするのではなく、楽をして何とか早く簡単に自分のスキル・能力を高めようと、ハウツー本を読む人であふれていいます。論理的に考えれば、皆でハウツー本を読めば自分の差別化にならないのは自明ですが、なぜか日本社会は一層のハウツー頼み社会になるという、外から見ると奇妙な状況になっています。これも日本社会のシーラカンス化の現れの1つかもしれません。

確かに、ハウツー本すら読まないようであれば置いていかれるので、読んでいれば多少はましとも言えますが、そのハウツー自体がもはや通用しない可能性が高いのがグローバル化する社会です。その意味ではハウツー本を読むのは百害あって一利なしと言えます。この意味で、本書はハウツー本でもテクニーク本でもありません。本書を読んで、読者各自に考えてほしいので、少し難解かもしれません。しかし、本書から得るものは読者各様で良いのです。

しかし、なかなかそういう認識には向かいません。何せ、日本の社会は、人生や幸せのハウツー本が売れる社会です。それほど、日本社会に染みついた「テクニーク」「ハウツー」志向の根は深いと言えます。このグローバル化時代への逆行とも言える傾向は、読者の皆さんも感じているのではないでしょうか。

「正解は一つ」の時代は終わった

グローバル化する今後の社会を生き抜いていく上で、学生や若い社会人は、社会に染みついたテクニーク、ハウツー志向から決別をしなければなりません。

理由は、大きく2つあります。

1つ目は、「一つの正解がある」時代は終わったということです。仮に正解が存在し、それが1つであれば、それに行きつく解法のパターンを、より多く頭に入れた方が正解率を上げられます。しかし、それは考えた上で手に入れたものではなく、解法パターンの暗記です。

例えば、数学の問題を2分で解けなければ、解答を見て、その解法のパターンを覚える。これを繰り返すことによって記憶した解法のパターンは増え、その組み合わせで問題を解ける確率が高まることは事実です。

筆者も大学受験で嫌というほど経験しました。しかしこれでは、本当の意味で頭を使っていないので、問題を自分で考えて、試行錯誤しながら解く癖は付かず、なぜこのような問題が存在するのかも全く考えないのです。筆者も大学合格後、家庭教師として教えていたときに、入試から1年も経たないのに、入試の数学問題がうまく解けなくなっていることを知り、愕然として、何のために数学を苦労して勉強したのかと思いました。ちなみに筆者は文系です。実際、解法パターンを新しくインプットしなくなると、パターンをどんどん忘れていくので、数カ月で解けなくなるのです。

そもそも、テクニークやハウツーは効果ではなく、効率の観点で語られるものです。効率は、価値一定を前提に、その実現のための労力・コストをいかに低減するかの観点ですから、効率化を求めながら、同時に価値を高めることは難しいのです。

しかし、「デジタル・テクノロジと融合したグローバル化」が進む社会では、自己の創出価値をいかに高めるかが問われます。あらかじめ決められた価値の具現化のための効率が問われているわけではないのです。

実社会には正解はないと言いましたが、もし正解があるとしても、重要なことは正解を「知る」ことではなく、正解の背後に何があるのかを「考える」ことにあるのです。しかし、日本の教育は正解を知るためのテクニークやハウツーに走り、そもそも何を問題として捉え、何に対する正解を探求すべきなのか、正解の背後に何があるのかをないがしろにします。ここに、日本の教育の大きな問題があるのです。

戦後教育制度をつくってきた文部科学省、その教育制度の産物である文部科学省の官僚に、この問題を解決することを期待するのは、そもそも無理があるかもしれません。彼らに任せると、もつれた糸のようにややこしくなるだけで、問題の本質は全く改善に向かいません。

日本社会にとってもう1つ厄介なことは、日本社会のお家芸とも言えるプロセス遂行偏重の傾向です。この傾向は、モノづくりに始まり、日本社会の隅々で見受けられます。

この観点で考えると、一つの正解に至る最も効率的な方法、ツボとコツであるテクニークも、自明な目標を達成する上での速くて容易と思われるやり方であるハウツーも、ともにプロセスであり、日本人は、このプロセスを粛々と磨いています。正解はさて置いて、テクニークやハウツーというプロセスを磨くこと自体に注力してしまうのです。

実社会のように、正解が一つではなく、目的が自明でない状況では、何のためのプロセス遂行かわからないという本末転倒な事態となるのですが、プロセス遂行が目的化しているので、環境の変化が激しくなると、現実からどんどん乖離していくことになります。これは、2つ目の問題点につながります。

テクニークとハウツーでは真の実力はつかない

2つ目の問題は、TOEIC〈Listening & Reading、以下L&R〉などに象徴されるのですが、点数と実力が一致しないという問題です。つまり、TOEIC〈L&R〉の点数が高くても、英語でのコミュニケーションは大してできないことです。

これは、今に始まったことではありません。筆者は、30年近く前のアメリカの大学院への留学中に、経営大学院の入学審査に加わっていましたが、当時すでに、日本人のTOEFL（当時は紙ベースのPBT）の点数は当てにならないというのが審査に加わるアメリカ人の間での共通認識でした。

現在のTOEFLはインターネットベースのiBTとなり、スピーキングセクションは相当難しいので、日本人の学生がテクニークで簡単に点数を上げることは厳しくなっています。例えば、昔のPBTであれば600点を超えるのは（筆者も含め）テクニークで可能でしたが、現在のTOEFL〈iBT〉で100点（PBT600点と同程度換算）を超えるのは難しいかと思います。そのため、日本人は、テクニークで点数が上がるTOEIC〈L&R〉にシフトしているというわけです。

筆者の知る限りでは、大ざっぱに言えば、英語検定1級保持者が初見で受験するとして、TOEFL〈iBT〉が105点前後、TOEIC〈L&R〉が930点前後といわれています。また、TOEFL〈iBT〉が105点の人は、英検は語彙の問題があるので必ずとは言えませんが、英検1級に受かる確率は高く、TOEIC〈L&R〉も930点前後取れると思います。しかし、TOEIC〈L&R〉のための受験勉強のみをして930点を取れた人が、英検1級に初見で受かるか、TOEFL〈iBT〉で105点前後取れるかというと、語彙の難度とスピーキング試験があるので難しいのではないかと思います。

この批判に応えてTOEICは、2006年に、これまでのL&R〈Listening & Reading〉に加えて、TOEFL〈iBT〉を意識してS&W〈Speaking & Writing〉を導入しましたが、これは難易度も受験料も高く、受験者は、2017年度でL&Rが248万人に対し［＊2］、S&Wは3・8万人と少数です。この意味で、今も昔と状況はさして変わりません。

勤務先の企業からTOEICの点数を取れと言われるため、規定の点数さえ取れれば良いということで、出題パターンを研究し、例えば選択肢の中から、初めから除外するべきものをすぐに見分けるテクニックなど、英語力を獲得するという本質とは異なる方向に意識が向いていくのです。

現代国語のキーワードによる読解も同様で、キーワードによる読解は、試験の正答率を上げるテクニークです。学生はキーワードにしか目が行かず、文章の論理構造を読みとろうとしないため、文章の論理構造が分からないのが最近の傾向ですが、一方で、論理思考（筆者は、分析を通した階層的意味づけによる論理構造の構築能力だと思いますが）が重要と言っているのは不思議です。

一生、正解は一つという受験勉強の世界で暮らせるのであれば、正解に最も効率よく行きつくテクニークとハウツーの獲得に明け暮れるのも良いでしょうが、テクニークとハウツーに走ると内実はついてこないので、グローバル化する社会を生き抜くことは難しくなります。日本の学生の多くが、グローバル化の中では外に出て行く必要があることを理解しつつ、日本に留まりたいと願うのは、現状の教育の下につくられた内実のない自分では勝負にならないことを感覚的に悟っているのかもしれません。読者のお子さんはいかがでしょうか。

繰り返しになりますが、**重要なのは、勉強のやり方（テクニーク・ハウツー）ではなく、勉強の内容であり、正解の背後に何があるのかを考えること**です。しかし、日本の教育産業は、勉強の内容ではなく、勉強のやり方（テクニーク・ハウツー）に走り、その傾向は強まっていると言えます。故に与えられた問題は解けて点数が取れても、グローバルな環境で生き抜く賢さ（スマー

＊2 http://www.iibc-global.org/iibc/press/2018/p092.html

ト さ） は身につきません。そもそも、テクニークやハウツーを獲得することは受動的です。環境が絶えず変化し、常識が常に塗り替わっていくグローバル化する社会に求められるのは、能動的に動く姿勢なのです。

能動的に動くとは、不確実な環境の中で工夫をし、試行錯誤を繰り返して、失敗を通して新たな発見をすることです。間違いを通して、自らの解答を発見することからしか、人間は意味のある学びを得ることはできないと思います。

実際、失敗することは重要なのですが、テクニークやハウツーは、工夫、試行錯誤、失敗は回り道であり、非効率的として排除します。これでは人間は成長しません。

自分の目で見て、自分の頭で考え、そして失敗し、間違いに気づいて再度試みる自由を確保する重要性を理解し、その自由を確保するために考え、行動する必要があるのです。このことを、読者のお子さんに理解してもらうことが重要です。

大切なのは課題を発見し定義すること

グローバル化する社会では、問題解決能力が求められますが、それ以上に課題を発見する力が求められるようになります。

問題解決能力（Problem solving）**とは、問題現象に着目して定義し、課題を発見**（抽出して、定義）**し、その課題を解決して、問題現象を解消する一連の流れのことですが、実際は課題の発見と定義が鍵**で、実はこれが難しいのです。もちろん、問題の定義も重要です。

なぜなら、それ次第で、得られる解決策の境界も自動的に設定されるからです。境界の外の解決策を見いだすことはできませんから、問題の定義が間違っていれば、解決につながる課題も見当違いとなりますし、他人と同じような定義では、発見される課題も似たようなものになる可能性が高くなり、差別化にはなりません。

何度も指摘しますが、「今現在進行するデジタル・テクノロジ革新に主導されるグローバル化」によって、社会環境は常に変わり続け、その速度と程度は増幅していきます。常に常識が塗り変わる世界に向かっているのです。常に常識が塗り変わり変化し続ける現在進行形の環境の下では、これまでのように知識をいくら詰め込んでも、問題の定義や課題発見の能力は上がりません。

なぜなら、これまでの日本の詰め込み教育における知識とは、そのほとんどが、現在の教育システムが正解として与える、常識となる固定的な物事の情報が編集された束や体系と、整理された枠組みや理論体系であって、評価される学習能力とは、それを批判的かつ連関的に理解しようとすることなく、ただ点数を取るために、平板に個別的に暗記される静的で受動的なモノであるからです。

余談ですが、2018年11月の国会で立憲民主党の蓮舫議員が、桜田義孝五輪担当大臣に「オリンピック・パラリンピックの3つの基本コンセプト」や「大会ビジョン」は何かと問うて、桜田担当相が的確に答えられず問題視されたのを、ご記憶の読者も多いと思います。

この大臣は、蓮舫議員に、質問の事前通告がないのが悪いと言ったと思いきや、事前通告はあったと前言をすぐに撤回する始末となった問題大臣（サイバーセキュリティ基本法改正案も所管していますが、パソコンやUSBを使ったことがないと言い、海外でも失笑を買いました）ではあるのですが、この蓮舫議員の攻め口は、知識の量と記憶の引き出しの迅速さを前提にしたものです。わかりやすく相手の弱点を突いたという意味では蓮舫議員の作戦勝ちではあるのでしょうが、国会の議論ですら知識量を試す（もっとも、基本コンセプトすら返答できないようでは論外ですが）にとどまるようでは、日本社会において、問題定義や課題発見の能力が重要視されているかどうかは、はなはだ疑問です。

このように常識に染まり、批判的な視点からの知識の再構築の姿勢が身についていなければ、ユニークな問題定義や課題発見・定義はなかなかできません。それでは、これからの予見性の低い社会で、激しい環境変化に適応するのは、かなり難しくなるでしょう。

問題定義と課題発見能力を高めるために必要なのは、教養と言えるでしょう。

教養とは、自ら獲得した知識の意味を考え、それらを次々に拡張し、つなげて、自分なりに再構築していく、身体に埋め込まれた「学ぶ」、「自分の頭で考える」姿勢、知的好奇心とも言える動的で能動的なことです。「これが最良の方法なのだろうか」と問い続ける健全な懐疑を持つことが教養の基礎であると思いますし、これが、事実から意味を汲み取れることにつながるのです。

「知りたい」から「学びたい」、「学んだ」から「考えたい」という流れを面白いと思うことが重要です。これは、筆者が、ゼミで最も重視している点です。「もっと知りたい」ので、広く興味を持つことが第一歩であり、「考え続ける」という姿勢を身につけることが、課題発見の能力を高めることにつながるのです。

「課題発見の能力」を高めるために必要な8つの力

読者のお子さんが、問題定義と課題発見能力を高めるためには、以下のポイントに着目して、お子さんに、多くの経験をさせ、失敗を重ねさせてほしいと思います。

筆者も、自分の子どもには、自分が常識と思っていることは必ずしも常識ではないことを、身をもって感じさせるために、小さい時から、海外も含めていろいろな社会と触れる経験をさせてきました。このような経験を繰り返しさせることが重要です。それを通して、お子さんの適性も見えてくるのではないでしょうか。

以下に課題発見の能力を高めるために必要な8つの力を挙げてみました。

1 批判的なゼロベース思考と常識からの離脱

常識に囚われないで考える癖をつける。常識を疑う際に重要なのは、必ずしも大勢の意見に反対することではなく、自分の頭を使ってゼロベースで考えることである。

2 ファクトベースの思考

数字等のデータをまず確認する癖をつける。その際に、そのデータの出所や切り取り方は適正なものか、より有益な現象や関係性を浮かび上がらせる別のデータの切り取り方はないかなどを常に考える癖をつける。

3「思い込み」を捨てて「思いつき」を拾う

自分の成功体験や他人の助言を最善として鵜呑みにするのではなく、より良い方法はないか、代替案はないかと、さらに柔軟に思考をめぐらす。

4 ピラミッド型の分析的論理構築力

階層的に論理を組み立てる力をつける。そのためには、物事を論理的に分析し、優先順位をしっかりとつけて、物事の再構築を行える必要がある。

5 理解して覚えて終わりではなく行動につなげる

企てではなく試みが重要である。

ぐるぐる考え続ける行為（プロセス）だけで満足していては意味がないので、必ずアウトプット、実践という課題解決行為を試みる。

6 起承転結ではなく、論理的に書き表す文章力

文章を書き、意見を構造化して相手に伝える文章力をつける。

試験の点数を取るために、筆者は何を考えているのかを当てる「読解力」と称する国語教育では、それを知るためには、キーワードを追えば良く、文章の論理構造を読み取る必要はないので、日本人が論理的思考（階層的構造化）に弱いのはうなずけると思います。ベストセラーとなった『ＡＩ vs. 教科書が読めない子どもたち』を著した新井紀子教授が指摘する子供たちの読解力の低さは、皮肉にも、現代国語教育でいう読解力の教育の結果であると言えます。

論理構造を読み取る力をつけたければ、小論文など文章を書くことを心がける必要があります。欧米に比べると、日本の教育では、文章力のトレーニングが著しく欠けています。筆者は、学生には、パワーポイントで資料を作る前に、必ずワードで論理構成を考えるように指導しています。

これらに加えて、読者のお子さんには、以下の能力をつけることにも注力してほしいと思います。

7 数理的な推論とモデリングが理解できること

今後の社会のリテラシーとして、コンピュータ・プログラミング、アルゴリズム、コンピュータ・サイエンス、統計学、微分積分の基礎は必須である。これは、文系でも必要である。遅まきながら、経団連が、文系の大学生にも数学の基礎は必須と言い出している。

8 共有語としての英語の能力を上げること（9章で後述）

日本語とは異なる思考を獲得し、その結果、日本的な思考を相対化する。

以下の章で、実際、どんな力をどう身につければ良いかについて、述べていきます。

第6章

ゼロベースで自分の頭で考える習慣

――常に「なぜ」「どうして」と自問する

「主体的に考える」という奇妙な表現

若者のみならず大人を含めて「日本人はあまり考えていない」というのが、もっぱらの評価です。海外からだけでなく、日本人自身も自らをそう評価しているようです。もっとも日本人による自己評価では、「自分の明確な意見を持ち、表現すること」を怠りながら、これを「奥ゆかしい」と賛美する傾向もありますが、「考えていない」ことに変わりはありません。

その評価通り、「今現在進行するデジタル・テクノロジ革新に主導され、加速化するグローバリゼーション」がもたらす非線形的な（直線的でないので、推定が難しい）動的複雑性（個々の要素分析を積み上げても、全体の挙動を予想することが難しい）という予見性の低い、つまり、過去の延長線上に未来を予測できない環境に適応不全を起こし、不確実性に弱い日本人（日本社会と日本企業もですが）の劣勢が明確になりつつあります。

これに危機感を覚えたのか、文部科学省は、突如、「主体的に考える力」が必要であると言い出しました。このことは、中央教育審議会大学分科会大学教育部会が、2012年3月に「予測困難な時代において生涯学び続け、主体的に考える力を育成する大学へ」との審議［＊1］をまとめ、これを受けて、中央教育審議会が、同年8月に、「新たな未来を築くための大学教育の質的転換に向けて～生涯学び続け、主体的に考える力を育成する大学へ～」という答申［＊2］を取りまとめたことで具体的になります。

文部科学省が、「生涯学び続け、主体的に考える力を育成する大学へ」と真顔で言い出すくらいなのですから、残念ながら、やはり日本人は「考えていない」という評価は正しいのではないでしょうか。いくら何でもホモサピエンスである以上、全く考えていないということはないはずですが、国の教育を司ると自負する文部科学省が、「日本人は（主体的に）考えていない」と発言することは、かなり常軌を逸しています。

そもそも、この「主体的に考える」はかなり奇妙な表現です。「考える」という行為は、「客体的に考える」が成立しないことから明白なように、言うまでもなく主体的なものですから、「主体的に考える」は「頭痛が痛い」同様に重言的表現です。おそらく文部科学省は、日本人は何事も受動的であるので、もっと能動的になろうと言いたかったのかもしれません。

しかし、「能動的に考える」というのも、実はよくわからない表現です。強いて言えば、「考えなさい」と言われなくても自ら考える癖をつけよう、ということかもしれませんが、強制されて「考える」ことを、果たして「考える」というのでしょうか。

＊1　http://www.mext.go.jp/b_menu/shingi/chukyo/chukyo4/houkoku/1319183.htm
＊2　http://www.mext.go.jp/b_menu/shingi/chukyo/chukyo0/toushin/1325047.htm

どう見ても奇妙な、この「主体的に考える」という表現ですが、筆者の推測では、英語の「think」に「考える」「思う」という意味の異なる二つの訳語を当てる日本人の思考特性が、背景にあるのではないかと思います。「思う」と「考える」の境界が曖昧な日本人において、「思う」のではなく「考えよう」というメッセージを強調した結果、「主体的に考える」という奇妙な表現が生まれたのではないでしょうか。

「考える」と「思う」を考える

そもそも、日本語において、「考える」は日常的な言葉でしょうか。日本の英語教育では、英語の「think」を「思う」ではなく「考える」と訳させますが、もし、日常会話で「考える」を「思う」の代わりに多用することを想像すると、読者の皆さんは、違和感を覚えるのではないでしょうか。ちなみに「思う」を和英辞典で引くと「think」と出てきます。日本語において、「think」は、「考える」でもあり「思う」でもあるのです。

しかし、「think」を thesaurus（英語の類語辞典）で引くと、主に、「to have a particular opinion or to believe that something is true」「to use your mind to decide about something, form an opinion, imagine something etc」〔＊3〕と定義され、これは、「考える」の「論理的に筋道を追って答えを出そうとする／結論・判断・評価などを導き出そうとする」（大辞林第三版）という辞書の説明に近く、主体、すなわち自己を基軸とする目標、アウトプット志向が強い概念と言えそうです。

一方、「思う」を見ると、「物事（対象）に対してある感情や意識をもつ／話し手の個人的な判断や推量」（大辞林第三版）とあります。こちらは、他者を含む外部存在との間での関係性志向で、アウトプットよりプロセスが重要になる傾向（このプロセス遂行は日本人が愛してやまないものです）であると言えそうです。

この「思う」は、構文論（文法に厳密に従う）ではなく、理論言語学のいう、極めて強い語用論（語の意味を固有文脈に過度に依存する）を前提とする日本語の特徴との関連で捉える必要があります。加えて、日本語には、欧米言語でいうところの行為主体である「主語」はなく、あるのは行為主体ではない「話者」であるという学説〔＊4〕も、視野に入れる必要があるでしょう。

念のために補足すると、「くよくよ考える」の「考える」は、目標・アウトプット志向とは対

＊3　Longman online dictionary: http://www.ldoceonline.com/
＊4　『日本語に主語はいらない』金谷武洋著（講談社選書メチエ）2002年
『話者の視点がつくる日本語』森田良行著（ひつじ書房）2006年

極ですから、本来の「考える」とは別の行為です。不確実性の高いグローバルな社会の「考える」とは、頭を悩まし続けることではなく、タイミングを逃さず判断・決定していくことを通じて、目標達成のための確率を高めていくこと、そして、その大前提として、自分は何を問題として、それをどう捉えるかをまず「考え」、定義していくという姿勢です。

これに対して、「思う」は、常に他者的存在を想定することから始まる他律的な思考（「思考」は明治時代につくられた造語ですが、「思う」と「考える」という異なる概念を合体させた造語です）であると言えないでしょうか。

極論すれば、「考えるために考える」はありますが、「思うために思う」はないことからも想起されるように、「思う」は、対象を想定しないと成立しない他動的機能であり、「考える」のように自動的（対象を想定しなくても独立的に機能する）ではありません。この意味で、デカルトの「我思う、故に我あり」の日本語訳は、「我考える、故に我あり」とすべきではなかったでしょうか。

欧米人は「考える」「主張する」「選ぶ」（この3つは、必ずしも対象を必要としない自動詞的要素が強い）のに対して、日本人は「思う」「共感する」「合わせる」（この3つは、必ず対象を必要とする他動詞的要素が強い）と表現することができます。この3つは、1つのセットのようなものなので、読者も、意識的に「思う」ではなく「考える」という表現を使ってみてください。そうすると、自然に「共感」ではなく「主張」を、「合わせる」ではなく「選ぶ」ことを意識するのではないでしょうか。ぜひ、お子さんにも試してみてください。これも、グローバル環境適応へのトレーニングの1つです。

この相違を突き詰めると、自己を絶対的中心に置く「相互独立的自己」と、自己を他者との相対的関係で可動的に決定する「相互協調的自己」という、欧米と日本の自己構造の成り立ちにまで踏み込む必要も出てきます［＊5］。

また、例えば「よく考えてから、ものを言え」などといった、相手に要求する行為を表現する使い方はしますが、「私はこう考えるのですが」といった、自分を主語とし、思念を表現する使い方は、日常的にはあまりしないのではないでしょうか。つまり、日本人にとっての「考える」は、超越的な主体（主語）を基底におく思念である英語の「think」とは、大きく異なると言えるのではないでしょうか。

＊5　"Culture and the Self" Markus & Kitayama:
http://www.lucs.lu.se/wp-content/uploads/2015/02/Markus-Kitayama-.-Culture-and-Self-1991.pdf

「思う」から「考える」へ転換できるのか

この言葉としての定義（厳密性）と日常的使い方の狭間で、「考える」と「思う」の違いを感覚的・身体的に捉えている中央教育審議会大学分科会大学教育部会のメンバーが、「考える」という表現を用いる時に、語義的な違和感を持つこともなく、「自らに考えることを強いる」という意味で、ある種の強意表現として「主体的に」を「考える」の前に付したことは、容易に想像がつきます。むしろ、「考える」は自らに強いることであると感じる彼らにとっては、これは、自然なことであったのかもしれません。読者の中にも、考えるとは「自らに強いる」ことと感じている方もいらっしゃるのではないでしょうか。

そもそも、日本社会における「考える」の問題は、「考える」と「思う」という言葉の概念的な存立基盤の相違を強く認識することなく、「考える」と「思う」を、日常的に混濁して使うところに、その本質があるのではないかと思います。

つまり、言葉を定義しない傾向の強い日本人は、意識することなく、「思う」を前提に「考える」を語ることができるのです。これは、一事が万事で、リスク享受の「安全」とリスク回避・排除の「安心」とを違和感なく併記することとも同根でしょう。対応する日本語訳を考えなくてもカタカナで安易にしのげることが災いして、国際化とグローバル化を混同する議論が散見されるのも、言葉を定義しないという意味では同様です。

日本人が、言葉、すなわち概念の定義に対しての感度が非常に低く、かつ、苦手である背景には、漢字の導入によって、幼形成熟してしまい、抽象概念に弱いといわれる大和言葉を日本語の基層に持つことに起因するという説［＊6］もあります。この問題の根は相当深いと言えます。言語的に概念の抽象化に向かわないということは、言葉の意味や差の明確化に意識が向かわないことを意味します。つまり、意識は明確化ではなく曖昧化に向かい、その曖昧さを良しとします。言い換えると、日本人は、「モノ」ではなく「コト」に軸足を置いているということです。

モノが、時間的に不変な実体（主観を排除し、時間的な推移変動の観念を含まない安定的かつ客観的な対象である名詞的概念で、再現性がある）のように捉えられているのに対し、コトは、生起・消滅する現象（対象と主観を分離することなく抱合し、時間的に進行する不安定な事象である述語、動詞的概念で、再現性はない）として捉えられています。いわば、清少納言の「いとをかし」の世界観で、その時の主観であり、それを定義することは、ほとんど不可能ではないでしょうか。いや、定義

＊6　『漢字と日本人』高島俊男著（文春新書）2001年

する意味がないのです。

学校教育では、一応「モノ」的世界の教育をしていますが、日本語の根幹は「コト」であるので、よほど意識しないと概念定義の感度を上げることは難しい。しかし、概念定義をせずに「考える」ことは、ほぼ不可能です。「コト」の世界観と「モノ」の世界観には、どちらも一長一短がありますが、「考える」姿勢を身につけるという観点から言うと、「コト」に軸足のある日本人は明らかに劣勢となります。

グローバル化する社会を念頭に置くとき、読者の皆さん、そして、お子さんは、このことを強く自覚した方が良いでしょう。

この観点で考えると、今回の文部科学省の主張は、他動詞的な「思う」から自動詞的な「考える」への転換を意図していると考えられますが、話はそう簡単ではありません。

前述しましたが、「考える」の背後には「主張する」と「選択する」があり、「思う」の背後には「共感する」と「合わせる」がありますが、多くの読者にとっては、日本的な「思う」「共感する」「合わせる」の方がしっくり来ると感じるのではないでしょうか。

それを、欧米的な「考える」「主張する」「選択する」に転換することは、そう簡単なことであるはずがないと思うのですが、そもそも、そのことを文部科学省のお役人は理解していないのではないでしょうか。

実際、筆者のゼミの学生も含めて、最近は、「考える」「主張する」「選択する」ことを重視する学生もいるのですが、「言うは易く、行うは難し」で、かなり苦労しているようです。友達の種類が変わり、数が減るそうです。人づきあいが悪い、ノリが悪いといって避けられるので、俗にいう「よっ！友」は減るようです。

現在の大学入試センター試験の改廃で、日本の大学受験の抱える根本的な問題が解消すると思っているのは、文部科学省の官僚と、それに連なる文部科学省お抱えの大学・教育関係者程度でしかいないと思うのですが、今の日本社会で、この答申よろしく、号令をかけて仕組みを変えれば、日本の大学生が、「主体的に考える」ようになると信じることができる読者は、一体どのくらいいるでしょうか。しかし、この容易ならざる課題を、文部科学省は、「主体的に考える力を育成する」ことで解決できると思っているようです。

「考える」は「力」か「習慣」か

「人間力」はじめ何かにつけて「力」をつけるのが最近の流行とはいえ、「考える」までも「力」とすることは、何を意味するのでしょうか。

そもそも、この「力」が英語の「ability（実力）」「capacity（器量）」「capability（実務能力）」「competence（技量）」「aptitude（適性）」のどれを意味するのか［＊7］も不明なため、定義が難しいのですが、今の日本社会で使われている「力」とは、個人差を前提とする、各自が自ら遺伝的かつその後に身につけた固有の能力ではなく（とすれば、「ability」は該当しません）、誰にでも習得できる（「ability」とすると必ず「ability」のない人が出てきます）汎用的・ハウツー的なスキル（型的な技能）か、テクニーク（目標達成のための方法、特に高い点数を取る技術的なやり方）の習得レベル、つまり、目的達成のために外部にあるノウハウやテクニークを学習して獲得する、言い換えれば、考えることへの技量や能力のことを指していると思われるので、「competence」か「capability」に近いと捉えた方が良いでしょう。

前述しましたが、この背後には、生まれながらの能力差の否定と、過度な平等意識が強い日本社会の「努力すれば誰にでもできる」という価値観、すなわち刷り込みがあると思います。「誰にでもできる」ためには、何事も、目標に至る道筋・ステップが明白であり、そして、その進捗が一律に管理できるように、目標到達点が数値化できるべきであるという、まさに、暗記・偏差値教育に代表される、戦後日本の一律・規格意識があるのかもしれません。

文部科学省は、考える「力」と言いますが、そもそも、**「考えること」は「習慣」であり「姿勢」であって、「力」ではないはずです。**しかし、もし「考えること」をノウハウやテクニークの学習で得た「力」と捉えると、必要な時にモードを変えて、その「力」を発揮すれば、即座に「考える」ことができるということになります。

そして、そのことは、「考えること」は習得可能なスキルやテクニークとなり、試験の対象となります。そうなると、考える「力」の点数評価が始まり、最後は、最近流行りの、何でも数値目標管理するという、安倍政権の単純な対応に行きつくのでしょう。そのうちに、文部科学省認定の「考える力」検定試験が始まり、1級、2級といった等級付けが始まるのではないでしょうか。

つまり、文部科学省は、学生に「自らに考えることを強いる」ことは難しいので、経済産業省と文部科学省が言い出した「社会人基礎力（この「力」は「competence」に近いと思います）」、「人間力（この「力」は英語的には意味不明ですが、個人差を認めるのであれば「ability」かもしれません）」、「生きる力（この「力」はさすがに「生きることへの適性能力」とは言えないので「aptitude」にはあてはまりません。敢えて言えば、意志や活力でしょう）」のように、最近流行りの「力」の対象リストに、「考える力」というお題目を一つ追加しただけではないでしょうか。

また、「習慣」や「姿勢」には踏み込んでもいませんから、これでは「日本人は（主体的に）考

＊7　http://synonym.englishresearch.jp/details/ability.html

えない」という問題への解決策にもなっていないのではないでしょうか。

そして、この文部科学省の言う「考える力」の行きつく先は、前章で論じたように、高い評価点を取ることを目的とする、本末転倒した点取りのテクニークの開発とハウツーの習得に終始する姿でしょう。要は、現在の入試と何ら変わらないのです。日本人お得意の手段の目的化とも言えます。結果として、TOEIC〈L&R〉の点数は高いが、英語ができないという不思議な現象と同じで、「考える力」の点数は高いのに考えることができない学生が多く生まれるのでしょう。

うがって考えれば、優秀な文部官僚はこのことはわかっているが、「考えること」は「習慣」であり、「姿勢」であって「力」でないとすると、文部科学省の指導対象から外れ、彼らの権益にもならないので、管理と検定の対象となる「力」と言っているのではないでしょうか。故に「主体的に考える力」の「主体的に」と「力」という二つの空疎な表現を見るまでもなく、文部科学省の政策の下では、大学生が「考える」という「習慣」や「姿勢」を持つようになることは、全く望み薄と言えるでしょう。

そして、もしも、文部官僚が「考えること」を「習慣」や「姿勢」と思っていないとすると、これはかなり恐ろしい話です。なぜなら、文部科学省の官僚も、実は何も「考えていない」ことになるからです。

繰り返しになりますが、今後、不確実性が高まるグローバル社会にあって、「考える」ことは極めて重要になるのですが、**「考える」ことは「習慣」であり「姿勢」なので、明日から急に「考える習慣や姿勢」を身につけることなどできない**のです。この「考える姿勢」が基礎となって、初めて、後の章で述べる「議論」「コミュニケーション」「英語」のことを問うことができるのです。

お子さんの将来を考えるにあたって、このことを読者にはよく理解していただきたいと思います。

疑念を呈することを歓迎しない日本社会

ここからは、加速化する「グローバル化」社会の下で求められる「考える」とは何かを問うてみたいと思います。

「考える」ためには、まず、日常的に健全な「疑念」を持つことが必須です。しかし、読者も薄々感づいているのではないかと思いますが、健全な「疑念」を持つためには、日本の教育、いや、日本の社会は、そもそも「考える」ことをさせない社会であるということ、それればかりか、

「考える」ことの基本である「疑念」を持つことを悪いこととして排除する社会であるという現実を知ることが第一歩です。

例えば、日本の義務教育では、生徒が「疑念」を持つことを「好ましい」としません。生徒が教員に、質問ではなく疑念を呈すると、内申の成績評価は明らかに下がるでしょう。同級生も授業の進行が遅れるので、教員の言うことに疑念を呈することを歓迎しませんし、疑念を呈する者はKYと言われると思います。

生徒はこうして、「疑念」を持つことを放棄することを学習するのです。これは、高等学校、大学はもちろん、企業社会や日常社会でも同様です。このような教育を15年以上にわたって受け、社会に出ても同じような社会教育環境にいるのであれば、健全な「疑念」など持つことは到底できません。

当たり前ですが、「考える」ためには自分の明確な意見が必要です。しかし、日本の国語教育は、筆者（実は、出題者ですが）は何を考えているかという対象前提の感情移入（読解力と呼んでいますが、実態は過度の共感の強制です）を教育の基本としています。

本来、国語とは、相手の言いたいことを読み取り、自分の伝えたいことをきちんと伝えられるための言語能力・スキルの習得のはずです。ところが、日本の教育では、自分の意見を書くと評価（国語のテストの点数）を得られないので、自分の頭で「考え」て、自分の意見を持つ生徒が育つことを期待することはできないと思います。自分の意見を持つ生徒を協調性がないと評価し、その能力をつぶしているのが現実でしょう。

加えて、高校を卒業した後も、卒業要件を厳しくせず、「ところてん式」に卒業させる大学ですので、高校生は「考える」ことではなく、入試で点を取るテクニークの習得に精力を傾け、「考える」習慣や姿勢は身につかないのです。

一方、家庭を考えると、長期間にわたり、先回りしてすべて計画してしまう親（特に母親、最近は父親もそうかもしれませんが）の存在は、子供が自ら「考える」習慣や姿勢を身につける芽を摘んでしまいます。

さらには、もっと大きな国家の枠組みとして、日本では、政治家と官僚が、戦前の革新官僚の系譜を引く国家社会主義的色合いの濃い家父長的国家主義（国家は親、国民は子供という単純な構図）の意識を非常に強く持っていることも、「考える」を阻む要因でしょう。

安倍首相などは、その典型です。祖父の岸信介元総理大臣は、この革新官僚の親玉でしたから、孫が同様の意識を持っているとしても、そう驚くことではないかもしれません。つまり、国民は国家に庇護してもらうことと引き換えに、幼児であることが求められるのです。国民主権と言ってはいますが、国民が「考える」ことを歓迎しない国家（政治家と官僚）にとって、国民は幼児である方が好都合なのです。このことは、現代の民主主義を再考するにあたって、読むべき古典的名著と言われる『アメリカの民主政治』の著者であるトクヴィルも、国家の持つ特質として指摘しています。

国民には、「安心」なので「疑念」を持つ必要はないと言い、国民は、「考えること」を暗黙裡に制限され、結果的に「考える習慣や姿勢」が身につかないように誘導されているのです。これでは、国民が「考える習慣や姿勢」を身につけることはできないと思います。

昨今、少しでも政権批判的な政治的議論をすると、安倍自民党はメディア統制をちらつかせ、あからさまに嫌な顔をするので、マスコミや行政は腰が引け、中立を盾に過剰な自己規制をし、国民の政治的議論の場を自らなくしていくのは、この好例でしょう。最近は、それが高じて、政権中枢のご意向を忖度するようにまでなってきています。日本人の言う「考える」とは、実のところは、この上をみた忖度であったのかもしれません。日本社会の他者への慮《おもんぱか》りは、「場」「空気」「忖度」と過剰になりつつありますが、これは、明らかに異常と言えるでしょう。

この延長上に、安倍政権の道徳教育（躾と日本的倫理観を意図的に混同する）強化があります。伝統と表裏一体の道徳教育とは、現在の多様化する社会のなかで、価値観の多様化を拒否し、異質を前提に「考える」という貴重な機会を否定するばかりか、結果として、グローバル化による環境変化への個人と社会の適応能力を失わせるものです。道徳教育は、一般性の強い倫理教育とは明らかに異なります。つまり、「考える習慣や姿勢」を身につけるのとは正反対の方向を向いているのが現状です。それ故「多様化」や「考える」などと、いくら口先で言っても、現実は一向に変わらないわけです。

そうであるとすると、「考える」姿勢は、文部科学省などが言う教育改革という名の日替わり定食のような、変わり映えのしない提案と掛け声程度では到底できないことを、読者は強く自覚する必要があります。

国語教育の抜本的改革が必要な理由

日本社会では、「衆議一決」という全会一致が尊ばれます。各自の意見は異なる、つまり「意見の対立がある状態が自然な状態である（他者と異なる自分の意見を持つことは、「考えること」そのものです）」という前提がなく、自分の意見を持って主張することが好まれないからですが、これもまた考える「習慣」と「姿勢」が身につかない原因と言えます。

日本的な組織における会議（古くは、地域共同体である村落の寄り合い）とは、特定の相手を想定・明示することなく、独白（モノローグ）のように発せられる参加者一人一人の揺れ動く思いや心情（相違を前提とし、明確に相手を想定した主張である意見とは違います）が、次々と置かれていく「場」と言えるのではないでしょうか。

異なる出発点から特定の相手に向けてメッセージを発し、各自の意見を主張し、それを互いにぶつけ合う対話（ダイアローグ）を通して合意形成をする欧米の会議とは、かなり様相が異なります。

つまり、この独白の連鎖は、思いや心情の分布状態を示しますが、単なるマッピングであり、相違を前提にした「議論」ではないので、意見の対立が顕在化することはありません。その分布状態という構図のなかで、各自は自分の位置を測り、自分の思いや心情を微修正し、それを何回か繰り返す過程で、参加者各自の思いや心情が、「自ず」と「ある」しかるべき点に収斂してくるというものです［＊8］。

その過程のある時点で、「私」ではなく「われわれ」という表現がなされるようになります。日本人は、これを「衆議一決」と言うのではないでしょうか。この「われわれ」が発せられた時点で、「私」の思いは封印されるのです。ここに、日本独特といわれる、建前としての「われわれ」と、本音としての「私」が形成されると言えるでしょう。

この相違を解決することなく、場の縛り（支配的文脈）によって形成される建前と、封じ込められた本音が並存する状態は、欧米人には理解し難いと思います。

このように、日本のほとんどの会議は、何事かを決定することを前提に行われているとは言えません。決定は、プロセスの最終的な結果でしかないのです。ここに、日本人がよく使う「説得されたが納得しない」という、論理や理屈を背景とする「説得」と、プロセスを重視する「納得」を使い分ける理由が存在するのではないでしょうか。故に**「納得」を得るための根回しという努力はするが、「説得」することを論理的に「考える」ということはしない**のです。これでは、やはり「考える」習慣や姿勢は身につかないでしょう。

ここから導き出される示唆は、もし、本当に日本人に「考える習慣や姿勢」を持つことを期待するのであれば、現在の国語教育の廃止を真剣に考える必要があるということです。

繰り返しになりますが、日本の国語教育が教える読解力とは、相手を推察・類推、または感情移入すること（キーワードを追うだけで、文章の論理構造は重要視しない）であり、疑念を持つことから発しません。それでは、本章で言う「考えること」の基礎にはならないのです。

前述したように、新井紀子教授による学生の読解力の低下を懸念する書籍が話題になっていますが、筆者からすると、日本の国語教育と受験が招いた当然の結果です。読解力の低下は問題ですが、一層深刻なのは、疑念を持たせないことです。しかし、今の日本社会の流れは、より疑念を持たせず、慮りの強化（忖度）に向かっていますので、読者のお子さんには、それにあ

＊8　『コミュニケーションの記号論　情報環境と新しい人間像』中野収著（有斐閣選書）1984年

らがう勇気が求められます。

教育において、「考える習慣や姿勢」を生徒に身につけさせるには、まず文部科学省自身が自己否定をしなければならないと思います。その第一歩が、現在の国語教育の廃止でしょう。もし、それができなければ、何をやっても所詮小手先の変更でしかありません。

到底、文部科学省にできるとは思えませんので、慶應義塾大学のように大学の自主的な動きが必要になりますが、よほどの人気大学でないと難しいのが現実です。この意味で、大学入試センター試験から離脱し、国語（現代文と古典）を入試から外し、エッセー（小論文・論述力・論文テスト）にシフトした慶應義塾大学の決定は慧眼であると思います。

文部科学省も、大学生が「考える習慣や姿勢」を身につけられるようにすることを真剣に考えるのであれば、経験的に実効性の乏しい制度変更という一律のアプローチを採るよりも、いっそのこと、スーパーグローバル大学に選定した大学に、くだらない数値目標を設定する代わりに、入学試験から国語（現代文と古文等）を廃止し、代わりにエッセーを課すように指導をしてみるくらいの英断ができないものでしょうか。

今の国語（現代文や古文等）教育も重要であり、あらゆる教科の基礎となると主張する読者もいるかとは思いますが、筆者は、**日本人は「考える習慣や姿勢がない」という今の重大な問題を解決することが、まず肝要であると**思っています。

新たな問題を引き起こさない完璧な解決策などはあり得ません。真に必要なことであるのなら、今の問題を解決した後に起こるであろう次の問題は、その時に別の人間が対応すれば良いというのが筆者のスタンスです。まだ起こっていない新たな問題を気にして、**現状の問題の解決に躊躇していては、加速化する環境の変化にはついていけず、淘汰される**と筆者は考えています。それが、今の日本社会の未来ではないでしょうか。

「考える」癖をつけるための毎日の習慣

具体的に考える癖をつけるためには、以下のようなことを日々心がけてみてほしいと思います。

・本章で「考える」と「主張する」と「選択する」は一つのセットと言いましたが、それを踏まえて、近くのサブウェイに行ってみてください。サブウェイはグローバルに展開し、マクドナルドよりも店舗数の多いアメリカ発のサンドイッチチェーンです。ここでは、五段階で、自分のオーダーを決めます[＊9]。この五段階の注文プロセスを面倒と思うか、選択の自由と思うかで、皆さんの「考える」に対する基本的な姿勢がわかると思います。ぜひ試してみてください。些細なことですが、「考える」は姿勢であるので、日常に現れるのです。

・あらゆる現象を見て、何を意味するかを探ってみる。例えば、スマホを見る、音楽を聴く、テスト勉強をする、居眠りをするなど、電車ではさまざまな人を目にしますが、それぞれの行為の妥当性を探る、つまり、電車という閉鎖空間での移動時間の過ごし方の評価パラメータを要素分解してみるのです。

・人と議論を始める前に、相手に「あなたの前提は何ですか」と聞く癖をつける。欧米では当たり前ですが、日本でこれをやると嫌われるかもしれません。しかし、この癖をつけることは重要です。

・何か（例えば、日本人は努力が得意という言説）を聞いて、「その通り」と常識に合致すると思った時点で、なぜそうなのかとその常識を疑ってみる。

・人に何かを言われたら、それを鵜呑みにするのではなく、なぜそう言うのかと疑問を持ち、その背景を推定する。

・人の議論を聞いた時に、別の組み立て方で同じ結論が導き出せないかと探ってみる。

・今、自分が置かれている状況に、どのようなリスクがあるのかをリスト化する。そして、どうすれば、そのリスクを最小化できるかの方法を探る。
・「安全」「安心」や「信頼」「信用」のように、併記で使われる言葉の定義の違いは何かに着目する。
・一連に使われる言葉、例えば「目標」「努力」「気合」「根性」の関係を図にして、その構造化をしてみる。
・相手の話を聞くときに、その論理構成に着目して、論理構成の不備を見つけてみる。
・一番手っ取り早いのは、カタカナを使わないこと。カタカナを使わなければ、そのカタカナの意味（定義）を真剣に日本語で理解しなければいけないからである。

以上は例ですが、このようなことが身について、いつも気にかかるようになれば、「考える」ことは癖になり、やがて身体的に埋め込まれていくと思います。こういった習慣を通して、自分は変わっていくので、人間関係も変わっていくと思います。

以下の章で、「健全な疑念」と「考える」を前提に、これからの日本人に求められる「議論」

＊9　https://www.subway.co.jp/menu/howtoorder/index.html。余談ですが、ここ3年で北米を中心に1500店舗を閉店しています。消費者の嗜好の多様化が進む中で、その対応が遅れて業績が伸び悩み、新興国に市場をシフトしようとしています。

「コミュニケーション」「英語」について個別に論じていきます。

ここで言う「議論」「コミュニケーション」「英語」とは、正確には**「議論をするcapability」「コミュニケーションを取るcapability」「英語を活用するcapability」**と言えるでしょう。

グローバル化する世界という視点から、これら3つのcapabilityが経験から獲得されるとすると、**「常に自分の意見を論理的に主張できること」**が「ギロンをするcapability」であり、**「常に相互に自分の主張を伝え、共有することができ」**、**「常に選択を通して、自分と相手の意見をより良いものへと変えていくことができること」**が「コミュニケーションを取るcapability」であると言えるでしょう。この二つのcapabilityは相互に関連しています。

この二つのcapabilityが機能する前に、自分の明確な意見を持つために「考える姿勢」が必要になり、三番目の「エイゴを活用するcapability」が機能する前に、この二つのcapabilityを備えておく必要があります。ここで「ギロン」「コミュニケーション」「エイゴ」とカタカナを敢えて使う理由は次章以降で説明します。

グローバル化する社会では多様化は必然であり、多様化を前提としたグローバル社会とは、加速化する環境の変化への適応力と、異なる他者との関係構築力が問われる社会です。この環境に適応するために求められる3つのcapabilityとは何かを理解し、それらを各自が、いかに自らに埋め込むかが問われるのです。

まずは、日本的な議論のあり方、意思伝達の方法、英語（第一外国語）の捉え方とは何かを明らかにし、それらが、グローバル化する社会で通用するのかどうかを考察して、３つのcapabilityを身につけるためには、どのような意識変革が求められるのか、さらに、身につけるためのヒントについて以下の章で論じていきたいと思います。

第7章

「ギロン」する能力

――相手の異なる意見を認めることから始める

日本人は「こころ優しい」ので議論が苦手？

一般的に、「日本人は議論が苦手である」といわれていますし、そもそも議論が好きではないようです。「議論（意見）を戦わせる」などの用法に顕著なように、日本語の「議論」という言葉には、攻撃的な含意が強いからなのかもしれません。

また、日本人は、議論という言葉だけではなく、議論と関わる英語のcriticalを「批判・批評」ではなく、むしろ「非難」の意味で捉えたり、aggressiveを「積極的」というよりは「攻撃的」と否定的に捉えているふしがありますが、どちらの単語も英語では否定的な意味はありません。つまり、「こころ優しい」日本人は、言葉にせよ、態度にせよ、自分を積極的に他者に対峙させること自体、とかく攻撃的なので良くないと捉える傾向が強いのかもしれません。

この「日本人は議論を得意としない」傾向について、極端なものには、暗黙裡に、日本人は「和を尊ぶ」農耕の民だから、議論（論を戦わせること）をしないと言わんばかりの言説もあります。読者の方々の中でも、繰り返される日本社会同質肯定論ないしは賛美論に馴染んでいる方々は、このような言い様に、さして違和感を覚えないのではないでしょうか。

しかし、加速度を増す不可逆なグローバル化に、日本社会が否応なしに適応を迫られる中で、

「日本人は議論が苦手である」という問題を、日本は「こころ優しい」同質社会だから「議論の必要がない」などという説明で、もはや片付けるわけにはいかないでしょう。それどころか、「こころ優しい」日本社会そのものが、持続的経済成長が見込めない中、加速的な少子超高齢化を迎え、近い将来、年金、医療・介護保険を筆頭に、社会保障財源の枯渇という危機に直面することを感じて、優しさの前提であるはずの寛容を急速に失っているのではないでしょうか。

本来なら、将来世代に向けて、限られた財源をどこに集中投下していくかの厳しい議論を交わすべきであったにもかかわらず、政治家と官僚を筆頭に、本質的な議論を避けて対症療法に終始し、財政赤字の解消を含めた抜本的対策を講じようとはしませんでした。時間を稼いで徐々に変化適応の既成事実をつくるという戦後日本政治のお家芸、「漸次的対策」を取ってきたわけですが、その場しのぎの小手先の対策を重ねるうちにいつの間にか問題が解消している、という奇跡が起きることもなく、その結果、日本社会は、世代間格差が急速に拡大し、信頼感、公平感、一体感を急速に失いつつあります。格差拡大と言いながら、皆で貧しくなっているのが日本社会の現実です。

この章では、なぜ日本人は本質的な議論をすることが苦手なのか、そして、グローバル化への適応の観点から、建設的な議論を積み重ね、実のある結論を導くこととリテラシーについて掘り下げたいと思います。

議論は定義することから始まる

本章のテーマである「ギロン（ここでは、複数の人間が関わる集団において、彼らが言語の意味を共有化、つまり相互認識していく過程を通して、何らかの合意が形成される時の、そこに至る一連の言語行為を意味するとします）」する能力の問題を掘り下げるためには、まず、日本語の「議論」とは、そもそも何を意味しているのかを整理して、定義をすることから始めることが必要です。**「ギロン」は、まず定義することから始まる**のです。

筆者は、現在フランスに暮らしていて、日本人としては在外経験が長い方ですが、経験的に欧米で議論をする際には、まず、取り扱う問題の定義から始めるのが普通だと思います。定義を合わせないで議論をしても、建設的な議論はできませんから、当然と言えば当然です。私の知っている留学経験のある日本の学生たちも、欧米人と議論をすると、まず、「What is your definition?」と、うるさく聞かれることを実感しています。

「議論」の定義を行う前に、定義をする練習をしたいと思います。まず、読者の方々に、「日本人は議論が苦手である」は、問題であるか、課題であるかについて、考えていただきたいと思います。一般的に、問題解決とか課題解決とかいわれますが、問題と課題は同じものなのでしょうか。

実は、問題と課題の定義は大きく異なります。簡単に言えば、問題は把握される現象であるので、それを直接解決することは、実はできないはずです。できるのであれば、問題は認識した時点で解決されるはずです。

このアプローチで行くと、例えば「わが社の収益力は低い」という問題現象があった場合、「収益力を高めよう」と叫んでも、それはコインの表と裏を替えただけで、問題は解消しませんね。収益力が低い原因が製品そのものにあるのか、ブランド力にあるのか、あるいは販売方法にあるのか、それとも競合と比べた価格設定にあるのかといった具合に、アクション可能なレベルまで要素分解していく必要があります。つまり、現象である問題（problem）を解決可能な（もれがなく、重複がない）個別課題（issue）に転換しなければ、問題は解消しないのです。

前章でも説明しましたが、一般的にいわれる問題解決を展開式にすると、問題現象の認識・把握・定義→問題の課題への転換（課題の発見と定義）→課題の解決→問題現象の解消のことを意味しています。問題と課題の違いをきちんと定義できなければ、この展開式を導き出すことはできないということです。

このように、言葉の定義は非常に重要です。しかし、前述したように、日本人は、漢字の導入によって幼形成熟してしまい、抽象概念に弱いといわれる大和言葉を日本語の基層に持つことによるのか、言葉、すなわち概念の定義に対しての感度がとても低く、かつ苦手であると言えます。

筆者も、日本語の曖昧さは実感しています。英語環境で10年近く暮らした後に帰国し、仕事で会議をする中で、問題や言葉の定義をする際に、日本語は曖昧で使い勝手が良くないので、無意識に英単語を多用し、これを同僚に指摘されたことを今でもよく覚えています。思い返せば、確かに助詞以外は英単語であったかもしれません。

ここでは、「日本人は議論が苦手である」という(現象である)問題を(解決可能な)課題に転換する試みを行ってみたいと思います。そのために、日本語の「ギロン」とは、そもそも何を意味しているのかを整理し、定義をすることから始める必要があります。**言葉、すなわち概念の定義をきちんと行わなければ、「議論」のしようもない**からです。

相手の異なる意見を認めることが出発点

私たちの使う「議論」とは、英語で言うところの「ギロン」と同じなのでしょうか。新和英大辞典で「議論」を引いてみると、はじめにargumentが出てきます。これが、一般的な「議論」の対応訳であると言ってよいでしょう。

これに続いて、discussion（討議）、debate（討論）、controversy（論争）、dispute（口論）といった単語が挙げられています。最後の2つは「ギロン」の一部ではあっても、争っている状態に主眼があるので、ここでは除外します。

まず、argument は、相手が存在し、それぞれの意見があり、同意か不同意かを前提として、主張し合うことと言えます。そして、最終的には、agree to disagree（不同意に同意）を許容します。アメリカの娯楽映画の王道とも言える『メン・イン・ブラック3』に出てくる悪役の Boris the Animal が、agree to disagree を多用していたのを記憶している読者も少なくないのではないでしょうか。

discussion は、討議と訳されますが、決定することを主眼において、何らかの主題について、意見の異なる相手と意見を交わしていくことと言えるでしょう。また、debate は、討論と訳されるように、マナーとルール（例えば、相手の意見を論破しても、相手の人格を攻撃してはいけない）を守りながら、論を戦わせて、相手を論駁（説得）し、勝ち負けをつけることに主眼を置いており、argument や discussion と比べて、テクニークや様式があり、形式化されていると言えると思います。

これら3つは、狙いとする結果と、そこに至る過程が多少異なりますが、相手との意見の相違を所与として、まず、**自分の明確な意見を持つことを前提**としています。そして、意見の良し悪しではなく、自分の確固たる意見を持ち、**相手の異なる意見を認めることが出発点**となります。そのためには双方がそれぞれの問題の捉え方や、その前提となる価値基準を正確に理解しておく必要があります。それ故に、定義が重要になるのです。

昨今日常化し、悪化の一途をたどるネット上の炎上などは、相手の意見を全く認めないので、それでは欧米で意味する「ギロン」が成立する余地すらないのですが、それを批判する強い輿論は日本社会にはないのではないでしょうか。むしろ、炎上させた方が勝ちという印象です。「いや日本の『議論』でも、同じように自分の意見を前提に置いている」と断言するには、かなりの勇気を必要とするのではないでしょうか。読者の皆さんはいかがでしょうか。

debate（討論）について述べたので、日本語の「ギロン」を考える上で、debate（討論）と対で語られるdialogue（対話）についても触れておきます。

英語による定義は、discussion（討議）の一形態で、2集団の間での課題を解決し、不同意を解消するためのフォーマルな討議（discussion）という平板なものですが、哲学者の鷲田清一氏の言を借りて哲学的な定義をすれば、「対話」は、ロゴス（言語と論理）による勝ち負けという結果を問う「討論」とは異なり、ロゴスを分かち合って学ぶプロセスであり、説得ではなく、**自発的に意見を変えることを良しとし**、それを負けとはせず、むしろ、**新しい意見の出てくる可**

能性の追求と捉えられると言えるでしょう［＊1］。

ここまで読んでいただくと、日本における「議論」は、一見、同意か不同意かを前提としたargumentを中心とした一群よりも、哲学的解釈の「対話」により近いように思えるかもしれません。しかし、argumentを中心とした一群も、dialogue（対話）も、個々が明確な意見を持ち、それを前提に、双方向に相手と異なる意見をぶつけあう点では、等しいと言えます。繰り返しになりますが、この根底には、意見の対立がある状態が自然な状態であるという強い認識があります。

そうであるとすると、場（の空気）で徐々に参加者を縛り、「思いの共有化」と称して全員一致が望ましい状態であるように方向づける日本の「ギロン」が、意見の異なる明確な相手を念頭に置く、双方向のコミュニケーションであるdialogue（対話）であると言われると、それには違和感を覚えるのではないでしょうか。

この違和感の背後にあるのは、日本の「ギロン」の底にある「思いの共有化」は、欧米で言うconsensus building（合意形成と訳される）と果たして同じなのであろうか、という疑問である

＊1　「哲学カフェ、その後」鷲田清一著『臨床哲学 創刊号』1999年3月15日
http://ir.library.osaka-u.ac.jp/dspace/bitstream/11094/7250/1/clph_001_091.pdf
『ソクラテスのカフェⅡ』マルク・ソーテ著　解説・鷲田清一（紀伊国屋書店）1998年

と言えます。それでは、argument を中心とした一群や dialogue（対話）とは異なる、日本の「ギロン」はどのように定義できるのかを考えてみたいと思います。

日本の「ギロン」の特殊性を認識する

言語が違えば、当然、「ギロン」のアプローチや方法論は異なると言えるでしょう。

「議論」は、中華人民共和国の簡体字では「议论」と表します。ところが、「議論」を日中辞典でひくと、「议论」ではなく、「争论（争論）」「争辩（争弁）」「辩论（弁論）」とあります。逆に「议论」を中日辞典でひくと「論議」「物議」「意見」「取り沙汰する」とあります。試しに、「argument」を英中辞書でひくと、「争论」「辩论」「言论（言論）」とあり、「议论（議論）」が出てきません。明らかに、「議論」＝「议论」ではなさそうです。「人間」が日本語では「人」を、中国（漢）語では「社会」を意味するほどの違いはないにしても、同じ漢字であっても、「議論（议论）」の意味は、日本と中国では異なります。しかし、漢字は漢字で同じであると思い、多くの日本人はこのような違いを考えもしないでしょう。

日本語の「議論」を考えるに、「議論」を熟語として、漢字本来の意味と、日本で使われている意味のねじれ関係は、「文化」というと「culture」を無意識に想起するのと同様になるのかもしれません。

ご存じのように、「文化」という用語は明治時代に、西周が「culture」の対訳語として使ったことが始まりと言われています。「文化」は確かに漢語ですが、漢語でのそもそもの意味は、「文徳により民を教化する（武力ではなく、学問・教育で民を導く）」であり、基礎的教養や読み書きのことであり、日本人の使う「文化」の意味とは少々異なります。故に、毛沢東は、武力ではなく、教育で社会を変えるという意味で「文化大革命」と言ったわけです。ちなみに、最近の中国でも、文化大革命を教えないので、文化を英語のcultureの意味で捉える若者が多いようです。

日本人は、「文化」同様に**「議論」も、その背後に英語の「argument」や「debate」を想起している可能性が高い**のではないでしょうか。故に、英語の意味する「相手と対峙して、自分の意見を主張する」ことを、日本人は攻撃的であると解釈するので、「議論」を負の方向に解釈する傾向があると言えるのではないでしょうか。

実際、日本語の「議論」の国語辞典の説明は、「argument」の直訳と言っても問題はないでしょう。その一方で、われわれは、日常の社会生活において、言語行為を通じて、他者との間で意思疎通をはかり、合意、すなわち了解の形成を問題なく行っているわけです。

しかしながら、「意見の対立がある状態が自然な状態である」という認識を起点とする

「argument」を中心とした一群や「dialogue（対話）」といった、明確な相手を念頭に置いて互いに自分の意見を主張するあり方とは、日常的な日本の「ギロン」のあり方、すなわち「話し合い」は異なると言えそうです。

しばしば日本人は論理的でないといわれますが、人間は本質的に論理性（一貫性）がなければ、人格を統合するのは難しいはずです。

欧米の論理の背景には常時的一貫性の堅持があるのに対して、日本社会では「場をしのぐ」や「嘘も方便」という表現があるように、論理的一貫性はその「場」その「場」に閉じていて、「場」と「場」の間の論理的一貫性は問われません。それを欧米人が見れば、「論理的でない」となりますが、決して、日本人に論理性（一貫性）がないわけではありません。

あまりにもしばしば「日本人は論理性に欠ける」といわれるので、日本人自身がそのように思っているふしがありますが、正確には、論理性がないのではなく、論理の前提に違いがあり、かつ、世界中を見渡して、日本人の論理性の組み立て方が特殊であるということです。つまり、日本には、日本の「ギロン」があって、日本人の論理性を前提に置く「ギロン」は、欧米とは異なる「ギロン」になるはずです。つまり、日本には日本の「ギロン」があって当然であり、それには合理性が存在し、欧米の「ギロン」との間に優劣の差はありません。

問題は、それを意識することなく、当たり前とすることとです。不可逆なグローバル化が加速化し、相違、すなわち多様性を前提とし、そこから共通を模索する中で、日本人自ら、日本の「ギロン」とは何かを知り、それを相対化する必要があるのです。

しかし、中国出自の漢字を使った熟語の背後に、外来語が張り付いているという日本語の成り立ちは、かなり複雑で厄介な状況であると言えます。つまり、日本人は、「議論」を中国出自の漢字という文字として認識しながら、頭では、「argument」という外来語を想起し、身体化された反応は、優れて日本的（「議論」ではなく「話し合い」）という、整合性に欠ける、不可思議な状況にあるのです。

これは、「議論」という熟語に限ったことではなく、明治維新以後、急激に欧米の概念を漢字の熟語にして導入したことに起因して、日本社会に根づいた現象であると言えるでしょう。「漢字」と「仮名（漢字が真（の）名であり、カナは仮の名という意味であることを認識する必要があります）」という、日本における言語の二重性は、漢字の移入以来、指摘されるところです［*2］が、明治以降は、これに外来語、主に欧米の単語が翻訳の過程で加わり、三重の言語構造になっているとも言えるのではないでしょうか。

この状況に加えて、昨今は、定義はおろか、意味すら理解できていないカタカナが増殖して

*2　『二重言語国家・日本』石川九楊著（日本放送出版協会）1999年

きているため、日本的な「ギロン」をしようにも、思考が停止状態に近くなっているのではないかと筆者は危惧しています。このカタカナの多用は、日本に住む外国人の間で不可思議と捉えられ、かつ不評です。[＊3]

日本の「ギロン」は対話でなく独白の連鎖

それでは、日本の「ギロン」と欧米の「ギロン」の違いは、なぜ生じるのでしょうか。

前章で述べたように、日本的社会は、「思う」「共感する」「合わせる」であって、「考える」「主張する」「選択する」ではないと言われても、違和感を覚えない読者は多いでしょう。**「思う」「共感する」「合わせる」の背後には、対峙する外部存在ではなく、摺り合わせる外部存在を想定しています。畢竟、日本の日常的な「ギロン」、すなわち、「話し合い」の特徴について考察することは、社会の言語行為のスタイルの問題に帰着する**と言えます。

前章でも触れましたが、日本社会での言語行為は、対話（ダイアローグ）の集積ではなく、独白（モノローグ）の連鎖の展開という特徴があります[＊4]。読者も、会議において、相手の発言を受けて行われるはずの次の発言が、明確な相手を意識したものではない、その場に投げられた独白（モノローグ）であったという経験は思い当たるところがあるのではないでしょうか。

職業柄、ゼミで学生に「ギロン」を促すことが多い筆者の経験から言っても、結果は、相手を特定しない独白（モノローグ）の連鎖であることが多いのが実情です。

日本の「ギロン」は、独白（モノローグ）の連鎖が展開した結果、各自の意見や考えは、「自ず」とあるしかるべき点に収斂してくる現象を特徴とすると言えるでしょう。その前提として、日本人は、衆議一決という予定調和的結果としての全会一致を暗黙の原則としているのです。

独白（モノローグ）を前提とする日本の「ギロン」と、対話（ダイアローグ）を前提とする欧米の「ギロン」とでは、その成り立ちが明らかに異なっています。

それでは、日本のモノローグベースの「ギロン」は、欧米のダイアローグベースの「ギロン」と親和性はあるのか、つまり、日本のモノローグベースの「ギロン」は、欧米のダイアローグベースの「ギロン」とうまく調和させることはできるのでしょうか。

基本的に文化と同様、「ギロン」の形態に優劣はないと考えますが、異質性・多様性を内包し続けるグローバル化という環境において、今後ますます、異質な海外の人々と「ギロン」をし

＊3　https://www.msn.com/ja-jp/news/opinion/「高輪ゲートウェイ」で不満爆発・カタカナ語に疑問を感じる外国人の声/ar-BBSguek

＊4　『コミュニケーションの記号論　情報環境と新しい人間像』中野収著（有斐閣選書）1984年

ていくことの重要性が増す中で、欧米の「ギロン」のように「意見の対立がある状態が、自然な状態である」という認識を起点においていない日本の「ギロン」は、果たして機能するのかということを真剣に考える必要があります。

今後も、「出る杭も打つかわりに、沈む杭も拾う」に代表される正負の突出の忌避を旨とし、日本語という高文脈の語用論を前提とする「閉じた社会」で生きていけるのであれば、それはそれで良いのですが、加速化するグローバル社会を生き抜いていかなければならない中堅や若い世代の人々、そして子供たちにとって、それは難しい相談です。

より直截的に言えば、日本的「ギロン」の適用の限界を認識し、その限界を越えていくことは、いかに困難であっても、読者のお子さんにとって避けては通れない問題なのです。終わりゆく世代であればいざ知らず、今後の日本社会の成否を担う中堅や若い世代の人々にとっては、日本文化の美点などという安易な自己合理化ではすまされないのではないでしょうか。

日本的な独白（モノローグ）の連鎖は、意見の分布状態を示し、その構図のなかで、各自は自分の位置を測り、自分の思い（広義の意見や考えとも言えなくはないですが）を、皆の顔色をうかがいながら微修正し、何回か話し合いを行う過程で、参加者各自の思いは、あるしかるべき点に収斂していきます。言い換えれば、「私」が「われわれ」になるブラックボックスのような過程と言うことができます。これは、「しかるべきところ」に落ち着くという、予定調和的プロセスの結果としての全会一致の原則と言えます。それを、日本人は衆議一決と言ってきたわけです。

衆議一決を国語辞典で引くと、その意味は「大勢の議論、相談の結果、意見が一致し結論が出ること」とあり、用例として「会議で衆議一決、進むべき方向が定まった」とあります。議論と相談を同列で語ることや「進むべき方向が定まった」という主語不在の表現が、まさに、「私」の「われわれ」への転換を示してはいないでしょうか。この主語の不在は、欧米では全く理解されないと思います。

欧米で「全会一致」の結論が否定される理由

ここで問うのは、全会一致という了解が、「意見の対立がある状態が自然な状態である」という認識を前提に置く欧米で理解され、受け入れられるかという問題です。「意見の対立がある状態が自然な状態である」という認識を起点に置く欧米で、全会一致はどのように認識されるのでしょうか。

端的に言って、全会一致（衆議一決）は、欧米社会では、社会心理学でいう斉一性（uniformity）の原理（ある特定の集団が集団内において、反論や異論などの存在を容認せずに、ある特定の方向に集団の意向が収斂していく状況を示す。斉一性の原理は、少数意見の存在を認める多数決の原則で意思決定を行う場には起こらず、全会一致を志向する意思決定の過程において発生する）と認識され、ファシズムに通じるものとして、民主主義社会において回避すべきものとして認識されています。

これを実感したければ、少々古いですが『十二人の怒れる男』（1957年）というアメリカ映画を見ていただくと良いと思います。

実際に、アメリカで暮らすとわかるのですが、「agree to disagree」というように、意見の対立があることを自然な状態であると見なす欧米の社会では、全員一致になった場合、つまり、満場一致で全員の意見が一致した場合、事前の調整が働くなど、不自然な力が働いたのではないかと認識するので、その時点で、全会一致の結論は否定されます。つまり100人の間で、ある懸案に、賛成か反対かを決める際、賛成が99人で、反対が1人ならば可決されますが、100人全員が賛成の場合は否決されます。賛成派の1人が民主主義のために反対を表明することが意味を持つのです。筆者の知る限り、英語で「unanimous (ly)（全会一致）」という表現を使うのは、国連などの国際機関で、一国による他国への侵略などへの非難決議や核軍縮など、反論の余地のない決議などに見られる相当強い例外的な表現です。

その一方で、反対派は、意図的に賛成に回る事によって、満場一致の状況をつくり、議案を否決に追い込む事もできるわけです。

全会一致（衆議一決）という斉一性の原理が働く状況を、欧米的な視点で捉えると、必ず「自薦の用心棒（self-appointed mind-guards）」が現れます。「自薦の用心棒」とは、社会心理学の集団思考の研究領域において指摘される事象の1つで、社会の影響や、集団心理の結果として成立した規範（自明なマジョリティ）を擁護しようとする行為者、または存在を意味します。

具体的には、「自薦の用心棒」は、反論や異論を封殺するために、マイノリティである発言者を貶めるネガティブ・キャンペーン等を行い、反論や異論の影響力を極力弱めようとする存在です。つまり、欧米的には個人に還元できる「自薦の用心棒」という明確な対象が存在するのです。

しかし、「場」を特定の個人には還元できない日本社会における、「私」が「われわれ」に転じる斉一性の原理の起動のメカニズムは、「自薦の用心棒」が個人に還元できる欧米とは異なりそうです。

日本における「ギロン」では、各自の意見や考えが、「自ずと」あるしかるべき点に収斂されていく「力」が働く中で、「私」は、気がつけば、「われわれ」へと変容するのです。この「力」の起点は、欧米における「自薦の用心棒」のように特定の個人ではありません。最近、頻繁に使われる「庶民感情（輿論ではなく世論）」という説明不足な多数原理もこれにあたると思います。

それでは、この「力」とは何かです。それは何かと聞けば、多くの日本人は、流れにあらがえないその「場」の雰囲気であると答えるでしょう。「場」（最近は「空気」）とは、日本人が多用し、日本人の意思決定プロセスにおいて最も重要視する言葉かもしれません。

それでは、この「場」と「空気」は、突き詰めると何でしょうか。少し難しいですが、それは、「間主観性（Intersubjektivitat）」に対する個人の捉え方の問題に行きつくと言えそうです。

ご存じの読者もいると思いますが、「間主観性」は、現象学で高名な哲学者であるフッサールが提示した概念であり、日本出自の概念ではありません。「間主観性」とは、簡単に言えば、複数の個の主観の共同化、すなわち相互主体性を意味すると言うことができます。

この「間主観性」は、西欧のキリスト教世界において、個人の中で超越的存在であった神のポジションを、近代を通して、自己に置き換えることで、個の主観の超越的主体性（相互独立的自己構造）を確立してきたという歴史が存在することを考えると、かなり過激な概念であったかもしれません。

どこまで行っても、主体としての個の主観の超越性が勝る欧米では、この「間主観性」は、公園のルールのように、その存在やそのルールが明示的な「個別化ができない公的な間主観性」として存在し、個人は、この「個別化ができない公的な間主観性」に無条件に従うことを潔しとはしません。故に、西洋人は、「個別化ができない公的な間主観性」の存在を「peer pressure（同僚からの圧力）」などと表現します。

一方、日本ではどうでしょうか。「相互独立的自己構造」が優位な欧米人と異なり、「相互協調的自己構造」という相対的自己構造が過度に優位で、文脈に強く依存する日本語を母語とする日本人[＊5]にとって、この「間主観性」は、裏庭のように、部外者にはその存在やルールが捉えられない「個別化ができない私的な間主観性」として存在し、それが根源的な自発性、つまり、一人称性を持つかのように認識されるのです[＊6]。

日本人は、これを「場」とか「空気」と表現し、この「個別化ができない私的な間主観性」に従うことに、まるで抵抗がないのです。故に、日本人は、「個別化ができない私的な間主観性」の存在を「思いの共有化」と表現し、正の意味で理解して、しかも、あたかも自分と同列の主体であるかのように、「個別化ができない私的な間主観性」自体の根源的自発性を認める傾向が強いと言えます。この意味で、臨床哲学者である木村敏氏が指摘したように、日本における「個」の概念は、英語の「individuality」とは、同じではないと言えるでしょう。

この「個別化ができない私的な間主観性」が、根源的自発性を形成する過程で、個人が流れに反論できない状況が訪れた時が、「私」から「われわれ」への不可逆な転換点です。これに慣

＊5　『木を見る西洋人 森を見る東洋人　思考の違いはいかにして生まれるか』リチャード・E・ニスベット著（ダイヤモンド社）2004年

＊6　『時間と自己』木村 敏著（中公新書）1982年

れ親しんでいる日本人は、「われわれ」を多用し、英語でも、「We」を使うことが多いのではないでしょうか。

アメリカやイギリスでは、「We」を多用することはありません。日本の会社員がよく自分の勤める会社を「our company」と言い、また、よく「われわれ日本人」と言いますが、これは英語圏では、かなり奇異な表現です。

日本人の悪い癖といわれる「黙る（面倒だ）」、「考えない（考えたくない）」、「わかったと思う／思いこむ（目をつむる）」の背景にも、この「私」から「われわれ」への不可逆の転換があるのではないでしょうか。

そして、この「私」から「われわれ」への不可逆な転換の持つ、異論を封殺し、建設的で自由な「ギロン」を阻む情緒的な負の側面も、十分に認識する必要があります。

このように、独白（モノローグ）が前提にある日本的な「ギロン」は、欧米的な「ギロン」とは、親和的ではなく、むしろ対立的です。したがって、グローバル化する社会で生き抜くことを考える必要のある若い世代の日本人にとっては、その違いを意識する必要がありますし、社会や企業のグローバル化が進む中で生き残るには、欧米的な「ギロン」の前提である批判的思考力が極めて重要になると言えるでしょう。

一般的な日本人の感覚としては、欧米的な「ギロン」の押しつけという気持ちが湧いてくるであろうことは容易に想像がつきます。しかし、高名な社会学者であるアンソニー・ギデンズが示すように、「グローバル化とは異質性（差異）を前提においた共通の模索であり、両者は互いに他者（相手）を排除できない」という、ある意味でのパラドックスの状態であるとすると、欧米的な「ギロン」のあり方を知ることは、グローバル化という「開かれた」社会を生き抜くリテラシー（ここでは、識字率が転じて、社会を生き抜くために最低限必要とされる知識や技能・スキルを理解し活用することと定義する）を得ることになると思います。

「閉じた」社会が良いという読者もおられるでしょうから、このリテラシー獲得の必要性の是非は、それぞれの読者の判断に委ねたいと思います。

「われわれ」という言葉は意識して使わない

日本の「ギロン」でよく耳にする「理屈はわかったが（説得されたが）、納得しかねる」という決まり文句があります。これは、説得と納得は別であると言っているわけです。論理的な整合性のある正しさ（道理にかなっている）を示す「正当性（justness）」だけでなく、それが「正しい」手続きによって形成されたのかという「正統性（legitimacy）」の要素を満たさないと、「説得

（persuade）」はできても、「納得（convince）」には至らないということでしょう。

筆者の知る限り、欧米の「ギロン」では、「説得」されたならば、つまり、相手の「ギロン」の論理的な「正当性」を認めれば、概ね「納得」する、つまり、「ギロン」の経緯の「正統性」は問題にはしないのと対照的です。

日本の場合は、むしろ、「理屈はわかったが（説得されたが）、納得しかねる」というように、納得、すなわち正統性の方が、説得、すなわち正当性に勝るのではないでしょうか。故に、日本では、説得されて（正当性を理解する）も、最後に「納得」しない（正統性を主観的に認めない）というう「ちゃぶ台返し」をするので、欧米的な「ギロン」を通して結論を導き出すことが難しく、本質的な合意に至らないのではないかと思います。

相手を特定し、意見の対立の顕在化を良しとする対話（ダイアローグ）を前提とする欧米の「ギロン」とは異なり、相手を特定せず、話し合いという「場」に、独り言のように言葉を発する独白（モノローグ）が前提にある日本の「ギロン」が、何回か話し合いを行う過程で、参加者各自の思いは、ある「しかるべきところ」に収斂してくるという予定調和的プロセスとしての結果的な全会一致の原則も持っていることは、日本人が「正当性」より「正統性」に重きを置くことと符合します。論理や理屈を背景とする「説得」よりもプロセスを重視する「納得」が大切ということです。このように、納得重視の日本の「ギロン」が、説得重視の欧米の「ギロン」

と大きく乖離していることも十分に理解する必要があります。

ここまで、欧米的な「ギロン」と日本的な「ギロン」の相違について論じてきましたが、ここで強調したいのは、どちらの「ギロン」が優れているかということではなく、欧米的な「ギロン」と日本的な「ギロン」に相違があるとすれば、それはどのような相違であるのか、ということを明確化することです。その目的を実現するため、話を多少、シンプルにデフォルメしています。

これまでの話を前提に、**自分の意見を持たないことを前提に何事につけて定義をせず、説得よりも納得を重要視する**という日本的な「ギロン」は、不可逆に進行しつつあるグローバル化という環境下でも十分に機能するのかということについて、読者自身に「考えて」いただきたいと思います。

多様性を前提に置くグローバル化する社会で必要とされる説得重視の「ギロン」、これが今後求められる「ギロン」です。

それを身につけるためには、

・社会の多様性を認め、
・相手との意見の相違を前提に、

・自らの明確な意見を持ち、
・相手を特定して、自分の意見を述べ、
・agree to disagree（不同意に同意）を許容し、
つまり相手の対立点を認識し、そこから出発して、
・対話を通して、新しい、より良い意見を得られる可能性を追求するのであり、
話し合いを通して収斂を期待するものではない
・その過程で、意識的に無理に相手の同意、すなわち全会一致は求めようとしない

ことを肝に銘じる必要があります。

その第一歩として重要なことは、**正解を述べることではなく、人に伝えるべき、主張できる「自分の意見」を持つこと**です。グローバル化する社会で必要とされる説得重視の「ギロン」において**相手が聞きたいのは、あなたの「意見」であって、「正解」ではない**ことを理解してください。まずは、今後「**われわれ」という言葉を意識的に使わない**ようにすることを試みてほしいと思います。

この意味で、読者には、積極的にお子さんとグローバル化する社会で必要とされる説得重視の「ギロン」をする機会をつくり、お子さんに相手の意見を聞き、自分の意見を主張すること

を促してほしいと思います。私のゼミの学生には、自分の意見を明確に持ち、相手がどのような意見を持っているかを聞き出すように強く指導しています。

ただし、自分の意見はもとより、相手の意見を単に聞くだけではなく、その定義を明確化し、論理を追求する必要があります。これを習慣化すると安易な相槌を打たなくなるので、友人の数は減るかもしれませんし、読者にとっては、お子さんが口答えしているように感じるかもしれません。

いずれにしても、日本の社会において、グローバル化社会に適用できる「ギロン」する力を身につけようとするには、居心地の悪さに自ら身を置くという覚悟が必要です。

第8章

コミュニケーションを取る能力

――粘り強く言葉で説明しようとする姿勢

「Communication」のそもそもの意味

私たちは日常「コミュニケーション」というカタカナを多用しています。また、さまざまな機会に、「コミュニケーションは重要だ」といわれています。

就活では、「コミュ力（コミュニケーションスキル）」が重要といわれ、大学のキャリア支援センターでも「コミュ力」は大流行です。しかし、「コミュニケーションとは何か」と聞かれると、多くの人は、きっと一呼吸置いて「コミュニケーションはコミュニケーションでしょ」と答えるのではないでしょうか。つまり、このカタカナの言葉の意味を正確に日本語では定義できていない、理解していない、もしくは、皆がその意味を共通の認識を持たないままに使っているのではないかと思います。

英語の「communication」を、OLD（Oxford Living Dictionary）で引いてみると、最初に出てくる定義は、「The imparting or exchanging of information by speaking, writing, or using some other medium」です。つまり、「（データや認識や感情などの）情報を口頭、手紙、電話などの媒介手段を用いて他者に伝えること、交換すること」という意味合いです。行為の形態を定義したものです。この定義は、日本人が「コミュニケーション」という言葉を聞いた時に思い浮かべるものとは少し違うのではないでしょうか。

思い浮かべるのは、むしろ、「communication の com は、together『共に』を意味するラテン語 cum を語源とする接頭辞なので、communication は、そもそも『共有する』という意味合いを持っている」という説明の方に近いのではないでしょうか。つまり、一方的ではなく双方向であるというところに反応するのではないでしょうか。

この双方向性に注目し、日本での「コミュニケーション」の意味合いを、日本語で考えると、さしずめ「対話」に近いものとなると思うのですが、読者の皆さん、ここで考えてみてくださ い。日本社会における言語行為において、対話性は濃厚でしょうか。一般的には濃厚というよ り、むしろ希薄であると言えるのではないでしょうか。第7章で述べたように、日本社会における言語行為の特徴は、相手を特定する対話（ダイアローグ）的であるよりは、むしろ相手を特定しない独白（モノローグ）的であるからです。実際、読者の皆さんは、話をするときに相手の目を見て話すのが普通でしょうか。

超文脈依存言語である日本語を母国語とする者にとって、実は、「コミュニケーション」とは、言語をなるべく介さない、対話性のない「阿吽《あうん》の呼吸」による意思疎通を意味するのではないでしょうか。この多くの言語を介さないことをもって、日本人自身は、むしろ「コミュニケーションの能力」は高いと自己評価しているのではないでしょうか。

「Communication」と「コミュニケーション」は異なる

この意味で、「コミュニケーション」にあたる現代の日本語は「意思の疎通」か「心の通じ合い」でしょうか。

実際、グーグル翻訳で「意思疎通」を入れて英訳すると「communication」と出ます。つまり、日本人が考える「コミュニケーション」とは、対話を介さない、「察する」「慮る」「分かり合う」なのではないかと思います。「察する」「慮る」「分かり合う」であり、そうなると、かなり主観的かつ情緒的であり、これは、「communication」の定義である「情報を言葉や文章などの手段を用いて他者に伝えること、交換すること」という明示的な行為とは異なります。

今一歩、踏み込んでみると、「場」や「空気」が強いる「思いの共有化（「私」が「われわれ」になる）」という縛りを前提とした日本社会の「コミュニケーション」とは、目的を持たない「独白（モノローグ）」的な「心の通じ合い」という、言語という媒介手段による明示的な相互確認を行わない、「であるはず」という性格が強いと言えるのではないかと思います。

そもそも、「communication」の一般的な訳語は「通信」であり、「意思疎通」ではありません。試しにグーグル翻訳で「communication」を入れて日本語に変換してみてください。「通信」

と出ます。「通信」の意味とは、「音信を通じること、信書をやり取りすること」を意味し、伝えることに力点を置いています。その後、「通信」の意味は、通信会社や情報通信という表現のように、情報を伝達する手段に重きが置かれるようになります。これは、英語のcommunications（複数）のもう1つの定義である「Means of sending or receiving information, such as telephone lines or computers」という伝える手段・媒体に焦点を当てた意味合いの翻訳であったのでしょう。

社会学者・濱口惠俊氏が『「日本らしさ」の再発見』[*1]で指摘したように、「日本語にはもともと『communication（1つ目の定義）』にあたる言葉がないため訳せない」というのが正しい理解かもしれません。いずれにしても、現在、会話で「コミュニケーション」の代わりに「通信」という表現は使いません。使うとすると、かなり違和感があるだろうと思います。

このように、日本語には英語の「communication」に対応する概念が存在しないので、カタカナ表記した「コミュニケーション」という言葉を使い始めたのかもしれません。しかし、「コミュニケーション」と「意思疎通」は無関係なものではなく、「コミュニケーション」という言葉から、日本人が自然とイメージするのは、英語の「communication」の本来の意味から外れ、

*1 『「日本らしさ」の再発見』濱口惠俊著（日本経済新聞社・現在は日本経済新聞出版社）1977年

意思疎通という「心が通じ合っている状態」ではないでしょうか。つまり、教育で教わった頭での双方向での情報伝達行為という「コミュニケーション」の理解と、日常の「コミュニケーション」との間には乖離があるのですが、多くの日本人はその乖離に無頓着であるということかもしれません。

多様化する社会でのコミュニケーションは、基本的に、「分かり合える」ではなく、「分かり合えない」ことを前提に、お互いにどこまでが分かり合えないかを探り、それを許容することと言えます。くどいようですが、最後まで、相互に分かり合えない部分を少なくする努力をし、最後は相手の考えを認める、すなわち、理解するという世界であると言えます。

このことは、グローバル社会での「communication」と、「意思疎通」を前提に置いた日本の「コミュニケーション」の背景の間には、大きな違いがあることを意味しています。つまり、「communication」は、他人との意見の相違があり、「分かり合えない」ことを前提に置くのに対し、「意思疎通、すなわち心の通じ合い」では、意見の相違は前提ではなく、「分かり合えている（誠意を尽くせば必ず分かり合えるはず）」ことを前提に置いているという、根本的な違いです。

そもそも、コミュニケーションという表現が日本で使われるようになったのは、日本人の間で世代間の価値観の相違が拡大し、共通文脈が自明でなくなる中で、「意思疎通、すなわち心の通じ合い」が難しくなり、本来暗黙である文脈の共有化を明示的に求める意味で、「コミュニケーション」という表現を使ったからではないでしょうか。

これは、従来は暗黙前提であった文脈の明示化であって、文脈共有さえできれば、「意思疎通、すなわち心の通じ合い」ができるという前提は同じであり、本来の「分かり合えない」を前提に置くグローバル社会での「communication」とは異なるのですが、「コミュニケーション」という言葉を使ってしまったことによって、日本独特のカタカナ「コミュニケーション」が生まれてきたのではないでしょうか。

昨今、企業内において、世代間の価値観のギャップが拡大する中で、文脈共有の世代間断絶が起こり、中高年世代は、若者が何を言っているのかわからないので、自分たちにもわかるように文脈共有するように若者に求めるときに、「意思疎通を図れ」ではなく「コミュニケーションを取れ」という表現を用いたのではないかと思います。「ホー・レン・ソー」の別バージョンと言えるかもしれません。そして、これがオジサン主体の企業にとっては人材採用、学生にとっては就職活動で強調されることで、「コミュニケーションスキル」ブームになったのではないでしょうか。

さらに、その状況に輪をかけるように、グローバル化による環境の多様化が急激に進む中で、日本人が前提とする強い文脈共有が前提とはならない相手とのやりとりの頻度が増し、文脈共有が難しくなった結果、解決策として、「コミュニケーション」が一層着目されるようになったのでしょう。

何とか解決のための方法論を得たいと思うものの、さすがにあるべき状態である意思疎通、すなわち心の通じ合いをスキルと呼ぶことは難しい。しかし、文脈の共有を明示的に求める「コミュニケーション」であれば、スキルと位置づけることができる。スキルである以上は誰でも努力すれば獲得でき、向上させることもできるという、いかにも日本人的な発想が、ここにも散見されます。

ここで、日本人は、「意思疎通、すなわち心の通じ合い」は、「段位」のような人格などの精神性を含む高尚なものであり、「コミュニケーション」は、「級」のような単なる学習可能な方法論もしくは技能であると合理化したのでしょう。しかしながら、コミュニケーションスキルを定義する際の前提は、あくまで日本人にとって暗黙の前提である強度の文脈共有に基づく「分かり合える（すでに分かり合えているはず）」に置いています。いかにも明治以来の和魂洋才の遺伝子です。「本質の理解」よりお手軽な「テクニークの習得」の重視に走る日本人の性向を表しています。

ここで、考えなければならないのは、濃密な文脈共有を基底に置く、「場」「空気」の縛りで「通じ合える（はず）」が前提の日本人の「コミュニケーション」に対する姿勢は、文脈共有を前提に置くことができない「グローバル化」する世界において、通用するのかどうかです。異質、すなわち多様性が前提のグローバル化する世界で、同質前提（濃密な共有文脈前提）の「慮る」は、日本人がそれをいかに高尚であると考えようが、通用させるのは難しいと言えます。

そうであるとするなら、「コミュニケーション」をスキルと捉えることによって、かえって、他人との意見の相違を前提に「分かり合えない」ということを基本に置くグローバル環境における「communication」との違いに対して関心が払われなくなって、グローバル化の中でます「communication」が取れない日本人という結果を招くことになるのではないか、と危惧しています。

異質な環境に身を置くことで磨かれる

「コミュニケーションスキル」と聞くと、どのような状況でも活用できるテクニークや方法論のように捉えられがちですが、前述したように、濃密な共有文脈を所与とする「心から分かり合える（はず）」を前提に置いた日本社会における「コミュニケーション」の意味は、英語の「communication」と異なり、日本社会で通用する「コミュニケーションのスキル」（高文脈前提の予定調和的落としどころの見極め、「私」が「われわれ」に変わる予定調和的な見極め）は、日本以外では通用する保証はないのです。社会環境の違いによって、求められる「コミュニケーションの能力」は異なりますし、「コミュニケーションのスキル」も当然異なるからです。

ある「スキル」は、ある「capability（能力）」を前提にして機能するものであり、「能力」の不足は「スキル」では補えません。戦略の間違いは、いくら戦術を駆使しても挽回できないのと同じです。グローバル化する社会で求められる「コミュニケーション能力」とは何かを知らずして、「コミュニケーションスキル」を身につけても、それは、「ツボ」を知らずして、「コツ」を覚えるようなものです。

それでは、急速にグローバル化する社会において、日本の若者に求められる「コミュニケーション」とは何か。それを理解することが、「コミュニケーションスキル」の習得よりもはるかに重要です。

急速にグローバル化する社会とは、多様性・異質性を前提に置く社会です。そこでは、異なる意見（価値観）が出発点にあり、日本社会のように、「自ず」と「私はわれわれ」にはならず、「私」は「私」のままなのです。つまり、異なる価値観を無理に一つに収斂させるのではなく、異なる価値観を相互に認識・了解した上で、何らかの共有できる部分を模索し、破綻をきたさないように、まとめていく能力が求められるのです。

極論すれば、「心から分かり合えない」ことを前提に、異質な存在が、了解できる部分を模索し、コンセンサス（合意できる部分）を積み上げ、その領域を拡大していく努力が求められるのです。これが、グローバル化する社会に求められる「コミュニケーション能力」であると言えるでしょう。

これは、心から分かり合え、心が通じ合えてこその「コミュニケーション」とする考えの強い日本人にとっては、「コミュニケーション」に対する捉え方の抜本的な転換を迫るものです。少なくとも、コミュニケーションの成立の前提が、「心から分かり合える」ことであり、結果として、コミュニケーションを通して心から分かり合えたと思いたいのが日本人であるとすると、心から分かり合えそうもない（文脈共有ができないであろう異質な）人とは、日本人は、最初からコミュニケーションを取ろうとしない傾向が強いということを、読者とお子さんには自覚してほしいと思います。日本社会の閉鎖性と表裏の関係です。

最近は、この傾向が強まっているのではないでしょうか。今では当たり前になり過ぎて特に違和感を覚えることもなくなりましたが、日本では日常的にマスクをつけている人の数が非常に多いです。電車などに乗るとよくわかると思います。最初はインフルエンザ予防や花粉症対策であったかもしれませんが、マスクをつけることが日常化し、予防や対策とは関係なく、マスクをすることが当たり前のようになっています。多くのマスクをつけた人たちが行きかう光景は、外国人の目には異様に映ります。

筆者は現在フランス在住で、ヨーロッパの他の都市を訪れることも多いですが、このようにマスクをした人があふれた光景は見たことがありません。多くの人がマスクをつけることの日常化は、明らかに他者とのコミュニケーションを拒否するサインとは言えないでしょうか。

KY、つまり、文脈共有できないと判断した時点で、コミュニケーションを取ることなく、無視（瞬殺して排除）するのはこの典型です。また、最近は英語の辞書にも載るようになった「ガイジン（日本的コミュニケーションの対象外である存在）」という奇妙な日本語の背景にあるものでもあります。

筆者の実体験に基づいた話をすれば、「心から分かり合えた」と思った相手でも、細部を詰めていくと差異が顕著になり破談になることは、ビジネスにおいては多々経験することです。つまり、「心から分かり合えた」とは、ごく主観的な認識に基づいた、いわば自己満足に過ぎず、意外と脆いものであるからです。

グローバル化する社会に求められる「コミュニケーション能力」を身につけるためには、まず、「グローバル化する社会におけるコミュニケーション」が、同じ価値観を前提とする日本の「察し合う」、「分かり合う」コミュニケーションとは根本的に異なるものであることを強く認識する必要があり、読者には、このことを十分に理解していただきたいと思います。

筆者は、日本が今後ますます内向きになるのではないかと心配していたので、自らの子育てにあたっては、小学校高学年のころから、繰り返して、海外の異質な環境に子供を置いて、世界の多様性を肌で感じられるようにしてきました。

子供が小学校6年の時に仕事の関係で渡英の必要があり、中学受験の代わりにイギリスに連れて行く判断をしたのですが、日本で中学のお受験をするのと、イギリスの現地校で学校生活をするのは、どちらも子供にとってはハードですが、子供が成長していく上での経験の価値が違うと思います。コミュニケーションを取る能力を姿勢として埋め込むには、より多くの異質を感じる経験をお子さんにさせることが重要だと思います。

お子さんが、大学生未満であれば、お子さんには負荷がかかりますが、塾の夏期講習に行くよりは、海外のサマーキャンプ（数週間）にお子さんを一人で送り出す方が、将来の役に立つと思います。1回ではなく、継続することが重要です。お子さんが自分の常識が通用しないと感じていれば成果があったと言えます。

例えば、お子さんが小学生であれば、アメリカ発祥で世界に支部を持つCISV International［＊2］という団体に入るのも良いと思います。ここでは、11歳児を対象に、男女各2名の子どもと引率のリーダーが1チームとなり、12カ国のチーム、6名のジュニアカウンセラー（16歳〜17歳）と

＊2　https://cisv.org/

5名程度の大人のスタッフで、ひとつのビレッジ（加盟国がホストになります）を運営し、皆で28日間を過ごします。

11歳から開始される理由は、設立者である心理学者ドリス・アレン博士が、11歳の子どもは生理的・情緒的に安定し、順応度が高く、家族から離れてもホームシックにかかることなく、もしかかったとしても、ごく短期間に克服でき、また、外国人に対しても偏見を持たず、言葉の壁を乗り越えてジェスチャーや絵などでコミュニケーションを取れるという特徴がある、と考えたからです。このプログラムは、11歳以降も継続できます。

国内にあっても、今の小学校、中学校、高等学校には、ＡＬＴ（外国語指導助手）という英語を母国語とする外国人がいるはずです。できれば英語が良いですが、日本語を話す人もいるので、お子さんに、彼らと積極的にコンタクトを取るように促すのも良いと思います。

大学生であれば、世界各国の大学からの交換留学生がいるはずですので、積極的に彼らと英語で意見交換をするのもお勧めです。交換留学生は、日本の大学生に比べて、総じてかなり意識が高いので、お子さんの刺激になると思います。外の世界への興味も持つようになると思います。

少々ハードルが高いですが、家庭で外国人留学生のホストファミリーをするというのも一案です。

繰り返しになりますが、お子さんを異質な世界に触れさせる機会を持つことが、グローバル社会での「コミュニケーション能力」に対する意識を高める一番良い方法だと思います。

言葉で説明しようとする粘り強さ、諦めない姿勢

多様化を前提に置く、グローバル社会での「コミュニケーション能力」の基礎とは、意見（価値観）を異にする他者との間に、ゼロから信頼関係を構築していく能力であると言えるでしょう。これは、**他者との対話を通して信頼関係を形成しようとする試行錯誤を粘り強く、諦めないで試みる姿勢**です。これに成功の方程式はないので、テクニークにはなり得ません。筆者が、世間で言われている「コミュニケーションスキル」に重きを置かない理由がここにあります。

その先に、**共通項を模索し、見つけ出し、その共通項を拡大していく合意形成能力が求められます。**これは言い換えれば、交渉の能力といえるかもしれません。交渉を行うためには、自分の意見・考えを説明しなければなりません。相手を説得し、納得してもらうためには、それを相手にうまく伝達する必要があります。うまく伝達するためには、論理構築能力に裏打ちされた高い文章能力（説明能力）が必要となります。

この意味で、グローバル化する社会の共有言語である英語の文章能力を高めることは、非常に重要になります。しゃべっていても、書かなければ論理構築能力は高まらないので、アメリカの教育ではWritingが非常に重要視されています。会話偏重の昨今の日本の英語教育は、この逆を行く愚策と言えるでしょう。マクドナルドで、英語で注文ができるようになってもあまり意味はありません。

余談ですが、この文章能力に関して、日本人は「口下手であるが、書くことに長けている」という主張もあります。しかし、筆者自身、書かせることを重視しない日本の教育（英語のみならず、国語教育も含めて）を受けてみて、「書くことに長けている」とは到底思えません。

相手を説得する論理の背後には、発想力、パターン認識能力、分析的推論能力が求められます。加えて、異なる他者の意見や考えを汲み取り、理解する能力も求められます。そして、他者の意見を理解する中で、自分の考えを変えていくことを厭わない前向きな姿勢も求められます。

このように、「グローバル化する社会に求められるコミュニケーション能力」とは、異質を前提とする社会での**信頼関係形成能力**に始まり、異なる他者との間で共通項を見いだすための**合意形成能力**、つまり、**発想力**、**パターン認識能力**、**分析的推論能力**、**論理構築能力に裏打ちされた文章能力**をもって、異なる他者に根気強く、自分の意見や考えを説明できる高い**伝達能力**、そして、**他者の意見・考えを汲み取る能力**、自らの持続的変容を厭わない前向きで柔軟な姿勢までをも含む、**総合的な能力**であると言えるでしょう。

このように書くと、「グローバル化する社会に求められるコミュニケーション能力」を獲得するのは、非常に難しいと感じるかもしれません。確かに、巷で語られる「コミュニケーションスキル」の獲得で、どうにかなるレベルの問題ではありませんが、読者が思うほど難しいことでもないと思います。

実践に向けての第一歩としては、グローバルな環境では、日本社会での「阿吽《あうん》の呼吸」や「察する、すなわち空気を読め」は通用しないことを自覚してほしいと思います。そして、異質な他者とのコミュニケーションは、結果として、必ずしも「心から分かり合える」わけではないことも心してほしいと思います。

コミュニケーションを通して「心から分かり合える」と思っている日本人にはつらいことかもしれませんが、グローバルな環境では「心から分かり合えることはない」ことを前提としていることを理解しなければならないのです。

そして、「コミュニケーション能力」を獲得するために、

――・**「コミュニケーションスキル」の獲得に安易に走らない。**――

・異質な他者に対して、「なぜ、どう違うのか」という好奇心を積極的に持つ。
・異質で「分かり合えない」と思う他者に、敢えて接触・アプローチする。
・他者に、「自分の意見」を「自分の言葉」で伝える努力をする。
・「わからない」という言葉は使わない。使うのは、「Yes」と「No」だけにする。
・与えられた時間内で、「完璧（perfect）」ではなく「完結（complete）」を心がける。
・異なる他者とのコミュニケーションに「正解」を求めない。
・言いたいことを言うだけではなく、聞きたくないことも積極的に聞くようにし、世界と社会の多様性を理解しようと心がける。

まずは、**何事も自分の意見・考えを持ち、それを情緒的ではなく、論理的に説明することを**気に留めてください。

日々心がけることから始めてもらいたいと思います。何事も、小さな経験をし、結果を得て、それを積み上げることからしか始まらないのです。

第9章

英語は使いながらモノにする

——第2の思考形態の習得と心得る

話すのは苦手だが、書くのは得意？

「国際会議において有能な議長とは、インド人を黙らせ、日本人を喋らせる者である」[＊1]という有名なジョークがあります。確かに、インド人は口達者であり、「沈黙は金」を過度に尊ぶ日本人は無口です。

日本人が無口である理由を、平川祐弘氏（東京大学名誉教授）は、書くことに長けているからであると言って日本人の無口を正当化しています。そもそも平川氏の主張する「書くことが得意だと無口になる」という立論そのものが、はなはだ疑問ではあるのですが、ここでは、平川氏が主張する日本人は書くことに長けているという点に絞って考察してみましょう。

確かに古くから日記文学なるものが存在するほど日本人は書くことが好きですし、現在でも、ネット上の日記とも言えるブログを書く日本人は、世界のブログ人口の中でも突出して多いといわれています。

しかし、日記やエッセーのような「独白（モノローグ）」的に、徒然に感情や情緒をうまく伝えられることの文学的な価値は否定しないものの、グローバル化する社会で求められる文章能力とは、前述したように論理的に文章を構築することです。この観点で見てみると、大学という教育現場にいる筆者は、日本人の文章能力は大いに疑わしいと思っています。日本だけで通用する文章能力を、グローバル化への適応の文脈で誇っても、あまり意味はありません。むしろ「日本人は書くことに長けている」との認識を持つことは、かえって害になるのではと危惧します。日本人が国際会議で黙っているのは、多くをしゃべらずに意思疎通が可能な、高度に文脈に依存する日本語（語用論言語）の特質に由来すると考える方が自然ではないでしょうか。

また、日本人が特に国際的な場で口数が少ないのは、世界で屈指に英語ができない（日本人自身が言っているので自虐的ですが）からであり、その背景に、強い完璧主義と寡黙という受け身の姿勢を尊ぶことが美徳とされているから、という極端な説明もあります。

美化することを否定はしませんが、年金で生活が守られた高齢者や、同質的な日本社会の中で逃げ切れる最後の世代であろう団塊ジュニアと呼ばれる世代以前の世代であればいざしらず、読者のお子さんも含め、「多様化を前提とするグローバル化する社会」で生き抜いていかなければならない若者にとって、寡黙を美徳と教わり、英語が苦手であることを自己合理化しても、それはリスクでしかありません。競争する相手は、もはや無口な日本人だけではないことを肝に

＊1　『世界の日本人ジョーク集』早坂隆著（中公新書ラクレ）2006年

銘じる必要があるのです。加えて、ＡＩも念頭に置かなければならないので、競争は一層激しくなると覚悟した方が良いでしょう。

英語の習得は好き嫌いの問題ではない

「デジタル・テクノロジ革新と融合したグローバル化」の進行によって、異なる母語を有する世界中の人々の移動や、ネット上でのコミュニケーションが活発化するなかで、共通の母語を有さない人々が、相互理解や合意形成を行うための共通言語の存在は、必要不可欠です。このような共通言語をリングア・フランカ（Lingua franca）と呼びます。これが現在の英語です［＊2］。ですから、英語は、アングロサクソンによる強制というより、相互理解や合意形成の必要性に応じて選択されたものと考えるべきでしょう。少し難しく言えば、グローバルな社会において、英語が最も取引コストを低下させる言語であるということです。歴史的には、紀元前の中東における商用言語であるアラム語、古代ギリシャ時代のギリシャ語、欧州の外交言語であったフランス語などが、このリングア・フランカに当たると言えます。

共通の母語を有さない人々が、相互理解や合意形成を行うのが前提であるグローバル社会において、リングア・フランカである英語を使えるか使えないかは、将来の自分の選択肢を広げられるかどうかの実利の問題であり、好き嫌いで判断すべき問題ではないのです。つまり、英語が使えなければ、将来の自分の選択肢は狭まるということです。「英語など勉強するより、日本語を勉強する方が大事である」などという人もいますが、その結果、将来の自分の選択肢が狭まっても後悔しない覚悟が必要です。もっとも、英語をやらないという選択をしても、英語が使える以上の選択肢を確保できるという自信があれば、それは一つの選択でしょう。

筆者は、「多様性を前提とするグローバル化する社会」で生き抜くには、母語も英語も両方大切であり、二者択一的に捉えるべきではないと考えます。つまり、英語をやらないことを選択することは、それ相応の覚悟が必要であるということです。

より直截的な言い方をすれば、指数的なデジタル・テクノロジの進歩により、国境を自由に越えて、より多くの個人と個人がつながっていくグローバル社会において、急速に権威と統制力を失っていく国家に依存することなく、自らを助け、より多くの仲間に助けてもらい（信頼と互恵と互酬）、より良い人生を生きるためのネットワークをつくるために必須なものが英語なのです。

＊2　共通言語にご興味のある読者には『共通語の世界史　ヨーロッパ諸言語をめぐる地政学』クロード・アジェージュ著（白水社）2018年をお勧めします。

進歩の著しい自動翻訳に期待する人もいますが、現在の自動翻訳は、膨大なテキストのデジタル化を背景とした統計処理をベースにしています。英語等の欧州言語と違い、単語の分節が不明確な日本語は、コンピュータが構文解析と意味解析とを分けて行うことが難しいこともあり、海外旅行程度では良いですが、ビジネスなどに求められるレベルのコミュニケーションを自動翻訳機に頼ることは、やはり相当難しく、時間がかかるでしょう。技術革新によって、そう遠くない将来には自動翻訳ができるようになり、英語を勉強してもあまり意味がないのではないかと考えることは、リスクが高過ぎると思います。

伝えるべき意見や主張を持たない日本人

日本人の中には、インド人が英語が上手いのは、インドが英国の植民地だったからだと言う人がいますが、これは、「英語ができない日本人」の自己合理化だと思います。実際、インド人は英語でよくしゃべりますが、彼らが英語が得意かと言えば、実はそうでもありません。筆者から見れば、インド人にとって英語が上手いか下手かは問題ではなく、自分が伝えたい強い意見と主張があるので、英語を積極的に使おうという強い意志が生まれるのです。英語であろうが何語であろうが、何が何でも伝えてやる、主張してやる、といった印象です。

一方、日本人は、自分が伝えたい強い意見や主張があるかないかはさて置いて、とりあえず英語は上手くなくてはいけないと考える傾向にあるようです。

しかし、よく考えてみてください。伝えたい強い意見と主張がなければ、何としても英語を上達させようという動機は生まれるはずがありません。せいぜい受験のためにテストの点数をあげる程度の動機付けでしょう。伝えたいものがなければ、つらい努力などしないのが当然です。強く伝えたいと思う意見や主張したいことがあるからこそ、よりよく伝えるために努力をし、その結果、英語も上達するのです。そもそも英語とは覚えるモノではなく、使うことにより上達させていくモノです。つまり、**伝えるべき意見や主張を持っていないので、日本人は英語が上達しない**のです。

印欧語族に属さない日本語を母国語とする日本人は、英語の習得に不利であるとよくいわれます。英語と兄弟言語の関係にあるヨーロッパの言語を母語とするヨーロッパ人と比較すると、英語の習得に不利な点があるのは確かですが、そのことをもって、日本人の英語下手が、中国や韓国も含めて世界の中で突出している点を説明することはできないのではないでしょうか。

そもそもできない理由を言ってみても意味がないのですが、これは、現状肯定意識が強く、「どうしたらできるか」ではなく「なぜできないか」に目が行きがちな日本人の悪い癖です。伝えるべき意見や主張を持っていないのに、英語（会話）を上達させようとする文部科学省主導の日本の英語教育は、まさに、「薪のない暖炉で火付けのスターターを燃やしているようなもの」と言えるでしょう。

英語における「伝えるべき意見や主張を持っていない」という問題を考えるためには、そもそも日本語においても「伝えるべき意見や主張を持っていない」という現実を直視する必要があります。

第5章と第6章でも述べたように、「皆と同じ意見を持ち、考えないことをよし」とする日本の教育に端を発する根の深い問題です。この意味で、低年齢化する日本の英語教育は再考する必要があると思います。小学校で英語を教える前に、まず、小学生に自分の意見を持つことの大切さと、各自がそれぞれ違う意見を持っていることを教えることが重要です。このことを理解しない英語教育の低学年化は、税金の無駄遣いであり、百害あって一利なしであると思います。

そして、たとえ、強く伝えたい考え（意見や主張）があったとしても、それを言葉を通して伝えるには、論理的組み立てが重要です。日本語の世界では、「わかってくださいよ」的な論理を飛ばした熱意とも哀願ともいえる情緒的訴えが可能ですが、英語を「共有言語（common language）」とするグローバル化社会では、このような論理を飛ばしたアプローチが機能することはありません。意見や主張の論理的組み立てが必須です。日本人が日本語でもディベート（討論）が苦手であることを見れば、残念ながら日本人は、この論理的組み立ては苦手と言わざるを得ないでしょう。日本人は二重の意味でディベートが苦手のようです。

1つは、ディベートのような論理だけのコミュニケーションが苦手であることです。ついつい感情を入れすぎて、相手の意見の論理構造ではなく、良し悪し、好き嫌いについて発言する傾向がありますが、これはディベートでは禁じ手です。

2つめは、論理の組み立て自体が苦手であることです。その背後には、教育の影響もありますが、日本語は起承転結という流れを重視するあまり、階層構造化ができにくい言語であるという特徴もあると思います。言語としての理解の前提が異なると言えるかもしれません。

筆者も経験していますが、日本語では理解したつもりでも、いざ英語にすると意味が通らないケースがままあります。英語に訳語がないのではなく、日本語では起承転結が綺麗に流れているので、理解したつもりでも、起承転結には論理構造があるとは限らないので、英語にしようとすると、主語や修飾の関係がわからなくなるのです。このことは、肝に銘じておくべきことだと思います。つまり、日本語でしっかり考えていれば、英語に訳しても大丈夫とは限らないということであり、日本語で考えることの限界を示すものであるとも言えるでしょう。

英語はツールではない

英語はツール（道具）だという発言をよく耳にします。山極寿一京都大学総長も、「英語は習熟する必要はあるが、たかが言葉だ。ツールの一つでしかない」、「日本語で考えるのが一番だ」、「英語で考えることをやっても教養や思考力はさして深まらない」〔＊3〕と言ってのけています。

確かに「日本語で考えるのが一番だ」との山極総長の意見には同意します。日本語で考えられなければ、英語など習得しても意味はないですから。

しかし、「英語で考えることをやっても教養や思考力は深まらない」となると、首をひねらざるを得ません。山極総長の頭の中では、きっと日本語はただの言語ではなく、日本人を形成する別格の存在、日本人の好きな言霊《ことだま》なのでしょう。実際、英語をツールと言っている人も、日本語をたかが言葉であり、ツールだと言ってのける人は少ないのではないかと思いますが、これは、いかにも明治時代の和魂洋才的な発想ではないでしょうか。

事実、山極総長は「日本の大学は、海外のあらゆる研究成果を日本語に訳し、自国語で研究・教育を高める学術を確立した」とのたまっています。まさに、頭の中は、明治時代そのままです。このような発想なので、この旧帝国大学の英語の試験は、英語を母国語並みに使いこなす帰国子女（英検1級かTOEFL〈iBT〉100点以上）でも解けない奇妙な試験になるのです。

京大の英語の入試問題も見てみてください。大半は、和訳と英作文です。グローバル社会では、英語は英語として考えるべき（日本語にいちいち翻訳していては使い物になりません）なので、出題も回答も英語であるべきでしょう。加えて、今は使わないような時代遅れの表現も散見されます。英訳も、日本語の流れを前提に英訳させるというオマケつきです。

これは、本来の英語の試験ではなく、翻訳の発想に基づき、英語の名を語った、もう1つの日本語の試験と言えるような内容です。これが、現在の旧帝国大学の学生は英語ができないといわれる所以です。

確かに、英語のできる人が解けないような奇妙な英語の試験で高得点が取れる学生なので、グローバル社会で通用する英語ができなくて当然と言えば当然です。当の学生は、英語ができると思っているので、余計にタチが悪いと言えます。筆者も東京の旧帝国大学出身なので、大学生時代、受験英語はかなりできましたが、英語はあまりできません、と言うよりも英語を使おうとも、英語に慣れようとも思いませんでした。

しかし、英語はツールだという翻訳の発想から抜けられない和魂洋才的思考（根性論とも言え

＊3　日本経済新聞（2015年10月21日　朝刊）

ますが）では、英語は使えるようになりません。それが、今の日本の現状であると思います。前述しましたが、英語の文章や会話を理解するときに日本語に訳しているようでは、グローバル社会の現場では使いものになりません。これは理解のスピードの問題ではなく、そもそも、日本語と英語では、それぞれにない概念が存在し、言葉の抽象度も異なるので、翻訳の発想で日本語を介在させることは、むしろ有害なのです。

日本の翻訳の発想は、古くは中国（結果は、中国語とは似ても似つかない漢文という異形なものをつくったわけですが）、江戸末期のオランダ、明治以降（現在は、翻訳を放棄して意味不明のカタカナの導入ですが）の欧米からの先進知識の導入に終始したことからもわかるように、基本的に外国語（英語）から日本語という一方通行の発想であり、和英辞典を見ればわかるように、日本語から英語はうまく機能しません。

そのため、この翻訳の発想は、現在必要とされる双方向の英語でのコミュニケーションにあっては機能しません。読者には、この大きな違いを理解してほしいと思います。昨今の語学習得においては、習得を目的とする言語以外の言葉を使っての習得はしないはずです。つまり、英語は英語として、理解、習得するモノであるべきなのです。

母国語（主に、文法を通さずに日常生活から、聞くこととしゃべることを通して習得する）である日本語と習得言語（文法を意識して、聞くこととしゃべることと並行して読み書きも習得する。読み書きを怠ると、流暢に英語はしゃべれるが、読み書きはできないアメリカの一部のヒスパニックのようになる）である英語の違いはどこにあるかと言えば、母国語の日本語の場合は、文法に照らし合わせなくとも間違いが感覚として分かり、ジョークに瞬時に反応できますが、習得言語ではなかなかこうはいきません。これを大きな違いと主張することも可能ですが、相互理解という観点からは、これ以外の違いは、習熟度という、程度・段階の問題であり、白黒的な決定的違いではないのではないかと思います。

当然、習熟度を上げるためには、かなりの継続的な労力を必要とします。テストの点数を上げる以外に確固たる目的を持たなければ、人生を通じて、そのような言葉を誰が苦労して習得したいと思うのでしょうか。

英語の習得は第2の思考形態の習得である

実は、グローバル社会における「共有言語（common language）」である英語は、ただのツールではなく、もう一つの思考形態であるのです。言語は思考形態を規定します［＊4］。

繰り返しますが、英語という言語の習得は、もう一つの思考形態の習得なのです。多くの場合、主語の「私」を使わない日本語と、主語である「I」を必ず使う英語、「〜ではないと思う」という直接の否定形を使わない日本語と「do not think〜」という直接の否定形を使う英語という、このような日常的な違いから、思考の組み立ては異なっていくのです。

第7章でお話ししたように、多様性を前提に置くグローバル社会では、論理性重視の「説得」が、手続きにこだわる「納得」よりも重要になります。ここで言う論理性とは、意見の正当性を階層構造で構築する（書店に並ぶ論理思考の本が言うように、結論を最初に述べ、その結論をピラミッド型で証明・合理化する）ことと言えます。日本人の好む起承転結は、話の流れであって論理ではありません。こう書くと簡単なように思えるかもしれませんが、この欧米的な論理思考の基底を見てみると、日本人がこの論理思考を身につけるのはなかなか難しいものなのです。

実際、日本において、特にビジネスの世界において、（西欧的）論理思考の獲得が繰り返し叫ばれながら、一向に成果が上がらないのが実情ではないでしょうか。

西欧的論理思考とは何かと言えば、一般的には「デカルトの三原則」といわれる「把握」「分析」「（再）統合」と、その基礎となる「分類の三原則」といわれる「全体性の原則（存在するすべてのものが一つの秩序のなかに完全に統括され、外部に何も残らず、漏れのないようにすること）」と「排他性の原則（その秩序のなかで、互いに重複して分類されるものがないこと）」と「非超越性の原則（分類の基礎が同じ「階」＝抽象レベルにあり、「階」を超えた分類基準が存在しないこと。例を挙げれば、ネコとイヌはよいが、ネコとチワワはNG)」のことを指していると考えてよいと思います。

残念ながら、このような個のレベルでの一貫性を担保するために境界を拡大していく西欧的論理思考の原則と、相互協調的自己構造を有する日本人の持つ、際限なく細分化を行う「内向きな」思考傾向を有し、概念定義が曖昧で抽象概念への感度が低い日本語を母語とする日本人とは、うまくフィットすると言えないのが現状です。要は、分類の三原則の姿勢を身につけることは、日々意識して自らを律しないと、かなり難しいということです。

とりわけ日本人が最も弱いのは、欧米人には当たり前の「非超越性の原則」です。これは、抽象度の低い日本語に起因し、日本人の思考形態に埋め込まれた特性であると思われるので、特に意識することが必要です。

この意味で、英語を第2の思考形態として獲得し、日本語を外して考えることができるようになることが、この西欧的論理思考を身につける近道であると思います。

これは、自分自身の相対化を意味しています。新しい価値は常に多様性から生まれるので、新しいものを受け入れなければ新しい価値を生むことは難しく、自分自身の相対化は、自分の創造力を高めることにつながるはずです。ツールではなく、新たな思考形態の獲得を意味する英

＊4　https://www.youtube.com/watch?v=RKK7wGAYP6k&feature=share

語の習得は、日本的思考の相対化を可能とし、日本的思考の限界を認識させてくれるはずです。これは、日本人にとって大きな成長であると思います。英語をツールと捉えていては、これはできません。もったいない限りです。

英語をモノにするための3つの「やってはいけない」

英語を習得するにあたっては、左記のことをまず実践してほしいと思います。

1 「カタカナ英語」は使わない

カタカナは、意味がわからなくても使えるので便利です。その利便性によるのか、昨今の日本社会ではカタカナの氾濫が止まりません。筆者は、ここまで来ると弊害ではないかと思います。ほとんどのケースで意味を理解せずに使っており、これでは、使うカタカナの数が多いほど考えていないということになります。

「アーカイブ（archive）」、「コンプライアンス（compliance）」、「デファクト（de facto）」、「ガバナンス（governance）」、「スキーム（scheme）」など枚挙にいとまがありません。よしんば日本語の意味を知っているとしても、その英語の本来の意味でないケースも多く、それを英語の意味と思って使ってしまって誤解を与えるという問題もあります。

例えば、「ナイーブ（naive）」は日本語では「純真な」という良い意味で使われますが、英語では「幼稚な」といった悪い意味で使われることが多いです。英語の意味と異なるという点では、「グローバルスタンダード（global standard）」もその一例です。英語では工業品の規格などの「国際標準規格」の意味であり、日本でいう国際的に共有されている理念やルールという意味は、欧米では一般的な使い方ではありません。

また、英語の単語をつなげれば英語の言葉であると誤解してしまうケースも多くあります。卑近な例では、「ベビーカー」は、「stroller（米）」・「pushchair（英）」で、「サラリーマン」は「office worker」です。

2 英和辞典と和英辞典は使わない

カタカナ英語に出会ったときは、英和辞典ではなく、まず、英英辞典と類語辞典（thesaurus）で、その意味を調べる癖をつけてください。日本人は、「ナショナリズム」を「愛国心」の意味で使いますが、英語の「nationalism」の意味は「An extreme form of patriotism marked by a feeling of superiority over other countries」となり、かなり攻撃的な意味合いを含みます。「愛国心」と言いたければ、「patriotism」を使うべきでしょう。

このように、英語の単語の意味をちゃんと調べる癖をつけることが重要です。日本で英語と思われている単語でも、英語では使わないものや意味やニュアンスが違うものはかなりあります。英英辞典や類語辞典を使っていれば、そのような誤解は防げますし、自然と英語の語彙も増え、用例も見るので、言い回しも覚えるようになります。

もし、日本語でカタカナ英語を使う場合でも、英語の意味を英英辞典や類語辞典を使って確認してから使うべきです。そうすれば、本来の意味やニュアンスと異なることに気づく機会が増え、自然と日本語の奇妙なカタカナ英語を使わなくなると思います。高校卒業程度の英語力があれば、英英辞典と類語辞典だけでも、わからない単語が出てくるたびに、何回か引いているうちに自然と意味がわかるようになるはずです。英和辞典の代わりに英英辞典や類語辞典を使うことに慣れたら、和英辞典を使うことをやめてみましょう。和英辞典を使うことのデメリットは2つあります。

1つは、和英辞典では、日本語を英語の単語を使って説明しようとするのですが、結果として、英語的に理解不能であるケースが多々生じることです。

例えば、最近はあまり聞かなくなりましたが、「国際人」を和英辞典で引くと、

「internationally minded person」とあります。確かに英語の単語が三つつながってはいますが、英語としては意味がよく分かりません。このように通じない英語を英語と捉えることは、やはり問題であると思います。

もう1つは、英語で伝える場合、自分の意見や主張を組み立てる際に、最初から英語で考える癖をつけられないことです。英語は英語で完結するようにするためには、この癖をつけるくらいの努力を惜しんではいけないのです。

3 暗記の英語スピーチはやらない

日本人は暗記が大好きなようです。スピーチも暗記ものの一つと考えているので、学生から総理大臣までスピーチをするときは原稿を読む、あるいは暗記することが普通ですが、あれはいただけません。日本の暗記スピーチには2つの問題点があります。

1つ目は、一方通行であること、2つ目は暗記することで臨機応変に対応することができないことです。実際、まるでテープレコーダのスイッチを押したかのような、よどみなく言葉を発する一方通行のスピーチは、途中での質問は想定していないので、もし途中で質問され、中断されてしまうと、すんなり再開することは難しく、巻き戻しになったり、内容が途中で飛んでしまったりするのではないでしょうか。

また、質問を反映するなど聞く人の関心に応えたり、会場の雰囲気に合わせたりすることも困難で、臨機応変に内容の変更をすることもできないでしょう。当たり前ですが、暗記スピーチは一方通行で双方向性はないので、英語でギロンするなどの現実的な場面では役に立ちません。日本では弁論大会と言っていますが、基本的にほとんどは暗記のスピーチなので、本来の弁論ではないと言えます。

柔軟性や臨機応変的対応が求められるグローバル社会での現実的な場面では、硬直的で適応性の低いスピーチを暗記しようという意識は、逆にマイナスに働くと思うべきでしょう。このような制約を自らに課すくらいのことをしないと、英語は自分のモノにはならないでしょうし、英語を身につけることが面白いとも思わないのではないでしょうか。

英語を面白くするために必要なこと

何であれ、何かを身につけるためには、モチベーション（やる気）は非常に重要です。やる気を持つためには、自己の成長が前提の「面白い」でなければいけません。「面白い」からこそ、つらくても続けられるのです。この意味でも英語は習うモノではなく、自ら身につけるコトであると思うべきでしょう。

やる気を維持するために必要なのが、目的（purpose）、自律（autonomy）、熟達（mastery）の3つであるといわれています。

目的（purpose）は明確で、多様化を前提としたグローバル社会で選択肢を増やして生き残るためには英語を身につける必要があるということです。

自律（autonomy）に関しては、教室で一方的に教わるだけでなく、自分で何らかの工夫をしてみることが重要です。

例えば、ギロンに消極的な姿勢を解消するために、まずは仲間をつくり、テーマを決め、言葉の定義を行って、日本語でギロンをしてみることから始めてみてはどうでしょうか。

また、せっかく大学で外国人と知り合いになったら、「カフェ文化に代表されるギロン好きのフランス人」とまでは言いませんが、とにかく英語でしゃべってみましょう。しゃべらないで後悔するより、しゃべって後悔した方が良いに決まっています。しゃべれば何がしか得るものがありますが、しゃべらなければ何も得ることはできません。自律（autonomy）に関しては、自分の考え（意見や主張）を持ち、それを発言する場を自分で積極的につくることが重要です。

繰り返しますが、自分の主張すべき意見を持つために批判精神と疑念を持つことは健全であり、主張すべき意見を持つことは、異なる意見を持つ他者の存在を認めるという自己の相対化の第一歩なのです。

3つ目の、英語を身につけるという観点から熟達（mastery）を感じるとは、英検など資格試験の等級よりも、よりうまく自分の意見や主張を伝えられ、より有効なフィードバックを得られるようになったと感じること、つまり、語彙、話し方、論理の組み立て方の進歩や話の幅の広がりを感じられることであると思います。

まず、英語で伝えたい意見を持つことが必要ですが、その後は、意見の背景となる話題やテーマを広く持つことが必要になります。その話題やテーマについて言いたいことがあれば、その話題やテーマについて一層勉強するはずですし、海外では、どのように考えられているのか、どのようなギロンが行われているのかに興味を持つはずです。常に興味を持って考えていれば、思考は広がるものです。これは、日本語においても全く同じです。そのために、日々の小さな一歩の積み重ねが意味を持ちます。毎日ちょっとしたことを続ける複利計算の考えです。

まずは、大学の図書館でよいので、英字新聞の見出しを毎日確認してみてください。ファイナンシャルタイムズとウォールストリートジャーナルあたりが良いでしょう。それを日本の新聞の一面と比べてみましょう。そして、興味のありそうな記事を一本読んでみてください。その時、英和辞典を使わないことも重要です。

慣れてきたら、ビジネスウィークなど、英語の雑誌の記事を1ページでいいので読んでみましょう。そして、自宅で時間のある時に、英国のBBCとアメリカのCNNを見比べ、時事問題に対する報道のスタンスの違いを、日本の報道との比較も含めて探ってみるのも良いでしょう。小説が好きであれば、それを読むのも、語彙と言い回しの引き出しを増やすのに有効です。

この日々の成果を、英語でギロンをするときに使ってみてください。そうすれば、少しずつかもしれませんが、自発と努力（自律）によって、うまくなった（熟達）と感じることができるはずです。自律と熟達は相乗効果の関係にあると言えます。

繰り返しになりますが、英語は習うモノではなく、身につけるコトです。乱暴な言い方をすれば、「習うより、慣れろ」です。沖縄の国際通りにある市場の魚屋さんが流暢な中国語を話すのは、まさに中国人の顧客を相手にする必要性から、「習うより、慣れろ」の自律と熟達の相乗効果の好例です。秋葉原のメイドカフェのメイドさんが、英語がうまいのも同じことです。

ビジネスでの英語は難しいのでは、という不安があるかもしれませんが、実は意外と大丈夫なのです。なぜかといえば、ビジネスでは利害が絡むので、英語でうまくしゃべれなければ、相手が聞き返してくれますし、うまく聞き取れなければ、相手はゆっくりしゃべってくれるからです。故に、学生時代に人間関係を構築できる程度の英語を十分に身につけていれば、社会に出た後のビジネスでの英語は、それほど心配する必要はないのです。

第３部

「自分の得意」を磨き続け、多様な人々と協力しながら自らの人生を切り開くために何が必要か

第10章

当事者意識を強く持つ

――「努力する」より「才能を試す」

より多くの人がチャンスを見いだせる時代になる

本書のメインテーマは、簡潔に言えば、残念ながら、今後の日本社会は下方圧力の方が上方圧力よりも強くなり、個人は「何もしなければ沈む杭になる」ので、自発的に「何とかしないとまずいのではないか」ということです。

「加速化するデジタル・テクノロジ革新と融合したグローバル化社会」では、何が価値を生むかが一層分かりにくい世界になっていきます。したがって、これまでのような成功の王道がなく、日本人が得意とするまねをしようにも「まねるべきモデル」がないので、テクニークの習得もハウツー本も役に立ちません。横ではなく前を見据えて、自ら考え、速く行動した方が、可能性が広がり、生き抜ける確率が高くなるという世界なのです。

現在の50代以降の年代の人たちの時代は、終身雇用の下、就職した時点でその後の人生モデルがある程度は想定できました。しかし考えてみてください。読者のお子さんが仮に今20歳だとして、彼らが40歳になった時にどうしているかがわかると思いますか。

グローバル化する社会では、日本社会に張りめぐらされた、頑強で、半ば固定化された排他的な既得権益（向上しようとする努力をしなくても現状が保障される）構造が機能しなくなるという意味で、**これまでとは違う能力が求められます。**ですので、これまでに比べ、より多くの人に勝機のある社会である可能性が高いと思います。確率として、**より多くの人、特に若者にとって、より良いチャンスを獲得できる社会であると**言えます。

ところが、この変化に気がつかなければ、そして自ら考え、行動することをせず、政府の言う、中身のない「一億総活躍」を信じて、皆で「お手々をつないで」いれば、読者のお子さんは間違いなく「沈む杭」になります。少々過激な言い方をすれば、「お手々をつなぐ」のは、戦後の上げ潮か現状維持の時には合理的選択だったでしょうが、下降の局面では自殺行為と言えます。読者のお子さんが、日本の社会が暗黙裡に刷り込む「長いものには巻かれろ」という意識で、今後の20年間を生き抜けるかを考えてみてください。

しかし、政府は自己保身で、この「お手々つないで」を変えようとはしません。現状は、大政翼賛会モデルを念頭に置く安倍首相の「一億総活躍」というプロパガンダの下で、「死なばもろとも（皆で沈めば怖くない）」の玉砕モード（もともと玉砕という美談は大本営がでっち上げた虚偽ですが）に近いものがあります。無責任な多くの自民党政治家が望んでやまない、禁じ手であるヘリコプタマネー（国債を日銀が直接買い受ける）導入による財政破綻も、視野に入れておく必要も出てきています[＊1]。

結果として、数々の国家が繰り返してきた、高インフレによる「国民皆でドボン」のシナリオです。世界が許さなければ、その前に、韓国のようにＩＭＦが介入するかもしれません。いずれにせよ、国民は大きな痛みを覚悟する必要があります。そもそも、大衆を前提とする民主制度では、目先の不満解消が政治家の第一優先事項ですので、政治家に百年の計を望むのは無理があります。

故に、読者のお子さんたちである若者は、このプロパガンダ船から、自ら「下船」する勇気を持つ必要があるのです。

ここに面白い調査があります。

２０１９年1月の世界経済フォーラム（ＷＥＦ）年次総会（ダボス会議）の開幕に先立ち発表された信頼度調査「エデルマン・トラストバロメーター２０１９」を見ると、先進国では、先行きに悲観的な見方が目立っています。

「5年後に自分の生活が豊かになっているとは思わない」との回答が最も多かったのは日本で、「知識層（25～64歳、学歴が大卒以上、同世代と比較して世帯収入が上位25％以内、メディアに日常的に触れビジネスに関するニュースに関心を持っている）」の84％、一般層の62％がこのように回答しており、27カ国中で最下位です。フランス（79％、63％）、ドイツ（74％、62％）、英国（72％、53％）と続きます。27カ国の平均は51％、37％です。

政府と企業への日本人の信頼度を見ると、「自国の政府を信頼している」との回答は39％（平均は47％）であるのに対して、「自分の会社を信頼している」との回答は59％（平均は75％）と政府を大きく引き離しています。

政府と企業に対する信頼度は、どちらも調査対象国の中の下位に属しますから、どちらも信頼していないのですが、企業の方がまだ信頼できるということでしょう。政府に対する信頼度の低さは欧米先進国と同程度ですが、企業に対する信頼度は最下位から2番目ですから、企業は消去法としての信頼先かもしれません。調査全般を見ると、日本は、信頼の行き先を失った悲観的な社会の様相を呈しています［＊2］。

この数字を見るに、かなりの日本人は、すでに、キャプテン安倍の日本丸からの下船モードのようですが、企業が生き残りのためには極めて合理的な行動をする存在であることを考慮すると、企業は公器であるべきだと主張するとしても、お子さんが将来就職するであろう企業に、自分と同じように会社が面倒を見てくれると期待するのはリスクが高いのではないでしょうか。これは、調査国全般に言えることでもあります。

その一歩として、読者とお子さんには、以下のことを心に留めていただきたいと思います。

まず、この「何事もお手々をつないで、左右を見つつ、皆で上がり下がり（浮き沈み）する」

＊1 『〈危機の領域〉：非ゼロリスク社会における責任と納得』齊藤誠著（勁草書房）2018年
＊2 https://www.edelman.com/sites/g/files/aatuss191/files/2019-01/2019_Edelman_Trust_Barometer_Global_Report.pdf

という意識を捨てましょう。「お手々つないでの社会」で、敢えて「お手々をつながない」、「一つにならない（つるまない）」、「一緒にならない」ことを心がけることが必要です。むしろ、他人と同じであれば、自分の置かれている状況は「やばい」と思った方が良いのです。

実は、人と一緒が良いという行動姿勢は、裏を返せば、そうでない人を排除する傾向の強い社会の形成に加担しかねないことも認識しておくべきです。外国人にも悪名高く、日本人以外の一切をひとくくりにする「ガイジン」という表現はこの典型といえます。これでは、社会は多様化しません。故に一緒が大事な日本の社会の多様化は、依然なかなか進まないのです。環境変化が速く、激しい今後の世界に適応するために、社会であれ、個人であれ、多様化は必須です。

政府は「多様化」を強調しますが、内実は、所属の国会議員が堂々と「ＬＧＢＴの人は生産性がない」と発言しても、ほとんど何も対処しない政権与党自民党（実は多くの自民党支持者も同じように思っているのでしょう）ですし、首相が「美しい伝統の国」と称することからもわかるように、お題目とは裏腹に、内心は多様化を拒否しているのが日本社会でしょう。多様化とは何かを考えようとも理解しようともせず、掛け声だけ「多様化は重要」と掲げることは、そろそろやめるべきではないでしょうか。

変わりたくても変われない日本

近代法の基本原則である「推定無罪」を平然と無視し、ゴーン氏の長期拘留を平然と継続した検察と裁判所と、それに違和感を覚えない日本社会ですが、人権に至ってまで日本は日本の勝手と言って、「閉じた社会」を志向し続けるとすれば、日本社会が生き残れる可能性はいかほどでしょうか。

世界に向けて社会を閉じる選択をした末のBrexitの迷走とトランプ大統領の混乱を踏まえ、読者ご自身で考えてみてください。既得権益と既成事実を積み重ねて、時間稼ぎによる問題の抜本的改革の先送りを続けている日本の政治では、Brexit的な思い切ったこともできないでしょうし、フランスのマクロン大統領のような既存政治システムを否定する（全国民に変革を求めるマクロン大統領の支持率が低いのは当たり前で、むしろ支持率が高いのは、国民の痛みを伴う抜本的な改革をしていないということです）、果敢な若手政治家の登場も期待できないでしょうから、じり貧になるのは目に見えています（小泉進次郎氏も長老につぶされた感があります）。

お子さんの将来を、このような政治に期待するのはリスクが高すぎるのではないかと思いますが、いかがでしょうか。読者のお子さんが、多様化を拒む日本社会からうまく下船し、グローバル化する「開かれた社会」のなかで、よりよいチャンスをつかみ、生き抜いていける大人に成長することを最優先に考えるべきではないでしょうか。

「デジタル・テクノロジと融合したグローバル化」のなかで、この「現実を見ようとしない」今の日本社会の向かう道は、陸に上がりながら、陸上生活への適応を諦めて海に戻り、進化を止めて、深海に棲家を見つけたシーラカンスと同様と言えるでしょう。もはや、固有の環境適応で進化を遂げたガラパゴスの生き物ですらないのです。

まず、国には頼らない、ぶらさがらないと心することが第一です。国は、自らの少子化に対する無策と長寿化の結果と言える、数的にも比率的にも増加する高齢者（特に75歳以上の後期高齢者）の面倒を見ることで手いっぱいで、もはや最大有権者である高齢者に不利なことはできません。未来を見据えて若者のことを真剣に考える余裕はないのです。将来に向けて舵は切れませんから、せいぜい「全世代型の社会保障」と言ってお茶を濁すのが精一杯でしょう。

冷徹な言い方をすれば、政治家がいくらイノベーションと騒いでも、高齢者の多い社会は若者の多い社会よりも、はるかに変化への適応が遅いのが現実です。当然ですが、高齢者にとって、変化に適応することは面倒ですし、老い先を考えれば適応するメリットもありません。であるとすれば、その正当化のために「昔は良かった」、「変化は良き伝統を損なう」という論法を持ち出すのは当たり前なのです。

故に急速な超高齢化が進む日本社会は変わらないと思うべきでしょう。高齢者はそれでよいのですが、若者はたまったものではありません。したがって、若者は、高齢の有権者に依存する政府や高齢者を念頭に置く活字マスコミやテレビの言説を信じることは、自分にとってメリットはないと思うべきでしょう。

権威ある経団連（会長と18人の副会長中、最年少が62歳、転職経験なし、サラリーマン経営者、東大卒12人、首都圏以外の大学は京大1人、女性ゼロ、外国人ゼロというように多様性とは真逆の超同質集団）を筆頭に、日本の多くの御用諮問委員会や会議は、多様性のある社会を経験したこともなければ、多様化によるリスクを取れるはずもない、同質的な社会で名を成したというだけで選ばれた男性高齢者によって構成され、そして、この国の未来を語るのです。

これをジョークと思うか、現在の日本社会を苦労して築いた高齢者の強い責任感の表れと捉えるかは読者にお任せしますが、30歳代の大統領を選出したフランスと日本のどちらが当事者意識を持って未来を真剣に考えているかは、自明ではないでしょうか。

これからは企業に帰属するのではなく参加する

マクロに見れば、企業や国家によるICT投資は極大化に向かい、プラットフォームは今よりも格段に充実されていきます。それを安価に利用できる環境をフル活用することで、個人レベルで企業並みのことができるようになっていくでしょう。

そうであれば、実は知識を有する「人」ではなく、資本や価値を具現化する「製造設備」を専有することにその存在価値があった企業は、常に変動する価値を提供できる「個人の集合体」へと自ら変容していかなければ生き残れません。つまり、これは、企業による企業という組織の換骨奪胎であり、結果として、企業の意味合いは大きく変わるのではないでしょうか。

この構造変革の傾向は、大企業でより顕著になるのではないかと思います。小規模のスタートアップ企業は、常に変動する価値を提供できる個人の集合体でなければ生き残れないことを理解して、起業しているからです。

このように、企業という組織は、能力のある個人の組織への参加（当然、人の新陳代謝は激しくなります）を前提にするものであり、もはや日本人の好む帰属（終身雇用と年功序列）の対象ではなくなります。これは、日本的企業にとっては一大転換です。

そうであるとすれば、大学在学中でも、企業に勤めていても、プラットフォームを利用することで、自らのアイデアの提供価値を低いリスクで検証できるので、個人事業やスタートアップという選択肢も十分に有りだということです。この個人事業やスタートアップは、ＩＣＴ抜きには語れないので、この領域でのリテラシーを絶えず高めていくことは極めて重要です。

今後一層、高度化、加速化、複雑化、多様化する社会では、最新の武器（デジタル・テクノロジ）で武装をしないと生きていけません。最新技術に追いつけない、追いつく気もない高齢者のノスタルジーに乗ってはいけないのです。求められるのは、ＩＣＴ機器・ネットワークサービスを、ガジェットではなく武器としてどう使いこなせるかです。読者のお子さんはＩＣＴ機器・ネットワークサービスをどのように使っているでしょうか。

自分で考えて判断し行動に移す癖をつける

「人と同じが一番」を刷り込んできた、戦後教育と日本社会の成果の表れでしょうか、国際比較調査で、諸外国の学生と比べると、日本人は「才能がないと感じる学生が多く」、その一方で、「努力（というよりも根性か）に期待をかけている」という明白な結果が出ています[＊3]。持って生まれた能力差を認めない社会主義国家・日本ですから、「さもありなん」です。

才能あっての努力であって、才能がないから努力をするという日本的な考えは改めた方が良いでしょう。筆者が現在住んでいるフランスでは、小学生のころから、勉強はもちろんのこと、運動や芸術など、どの分野に自分の才能があるかを探していきます。それに合った進路も整備されていますし、子供たちも、内申点ではなく、自分の才能を見いだすために、勉強と芸術・スポーツなどの両立に励んでいます。小学校低学年から、皆で夜まで塾に通うという不毛な時間を強いられている日本の小学生とはだいぶ違います。自分の才能と言いましたが、才能というより、自分のオリジナリティとエッジ（提供できる優位性のある価値）は何かを考えることが、とても重要です。

昨今の日本では「個性がなければならない」とばかりに個性を強制するきらいがありますが、日本でいわれる個性とは、就活のとき、皆で同じリクルートスーツを着て個性を語るといった、いわばお題目のようなものです。しかし、ここで言うエッジとは、もっと実効性のあるものであり、それを発見するためには競争が不可欠です。また、仮に思っていたように達成することができなくても、試みてダメだとわかることと、最初からダメだと思って何もしないのとでは、得られるものが全く違います。受け身では何も変わらないからです。

世界中のより多くの人々の知能を活用するオープン・サービス・イノベーションでは、個々人が考え、積極的に試みることが求められます。つまり、自分の可能性とその市場価値を問うのです。市場価値を無視した既得権益の固持は、ある時突然死を迎えます。これは、まさに今の日本社会の有り様でしょう。

なぜなら、これからの世界は、急速なデジタル化で「アトム（原子）ではなくビット（0と1）」の世界となり、その世界では、価値を生むのは「モノ（ハード）からアイデア（ソフト）」となり、知識（知能）の価値を高めるには、「人との取引」ではなく、「人との相互作用（インタラクション）」が重要になるからです。

この急速な変化に適応していくには、**価値を提供したいという強い「思い」を持ち、「発想力」を鍛え、「工夫」を試み、オリジナルで斬新な「着想」を導き出すことが求められます。**そのためには日々の生活で「面白い」と「ワクワク」を、また「違和感」を大事にしてほしいと思います。思い込みを捨てて、思いつきを拾うことが重要です。繰り返しますが、思い込みは禁物です。

そして、着想を具現化する「構築する力」と「デザインする力」が求められます。

さらに、以下の4つの能力を意識的に高めていく必要があります。

＊3　『日本人の価値観　世界ランキング調査から読み解く』鈴木賢志著（中公選書）2012年

1 **批判的思考力**
同じ情報からでも、人と違う意味合い（implication）を引き出す力
2 **分析的推論能力**
分析を行い、その結果に優先順位をつけて、自分なりに仮説を構築する力
3 **課題発見・解決能力**
解決策を見いだすだけでなく、それを実行する力
4 **文章表現力**
自分の意見や主張を論理的な文章に組み立て、共通文脈のない相手にも正確に伝える力

この能力を使えるか使えないかは、自己判断（決断）できるか、できないかです。既存の境界（常識）は機能せず、変化が加速化し、小さなものでも大きな変化を起こせる「デジタル・テクノロジと融合したグローバル化社会」とは、ハイリスクな環境であり、迅速に自己判断（決断）せざるを得なくなります。まず、**自分で考えて判断し、行動に移す癖をつけることが重要**になります。

そのために、リスクを取ることを日々意識するようにしてください。なぜならリスクを取る

とは、そのためにいろいろと情報を探し、取捨選択し、選択肢を考え、最終的に自己判断（決断）することだからです。誤解のないように補足すると、これは決してノルかソルかの賭けに出よとか、無謀な勝負をせよと言っているわけではありません。むしろその逆です。リスクと向き合う恐怖を受け入れながら、自分にとって勝算のあるリスク範囲とタイミングを見極め、これを乗り越えるということです。それは、ある意味では周到な計算です。

１００％安全というものはなく（安心は、リスクの存在を考えないので１００％という言い方が可能ですが）、リスクは0にはならないので、日々、リスクは何か、と考えることが重要です。リスクを考える一歩として、読者ご自身やお子さんにとって、いま現在のリスクは何かと、まず考えてみてください。

大切なのは、いかに他者と違っているか

横でも下でもなく、上を見ることが重要です。少なくとも、目線を下げてはいけません。AKB48のコンセプトのように、成功者を自分に近づけるのではなく、その成功者に近づくようにレベルを上げるマインドを持つことが重要です。

まずは、現在の日本社会に蔓延する「妬む」ことをやめることが第一歩です。

しかし、現在の日本社会は、スケープゴートとして槍玉に挙げる対象を探すことに奔走する社会になっていて、明らかに逆行しています。戦後の社会主義的考えの典型と言える「乏しきを憂えず、等しからざるを憂う」という不毛な足の引っ張り合いをやめましょう。成功者を素直に認め、褒めることが大事です。多様性には寛容が必要ですが、今の日本社会では、寛容の前提である許容度が急速に低下してきています。安倍政権の意図せざる結果でしょう。

個々のレベルで多くの人が変わっていかなければ、社会は変わりません。しかし、日本の現状は、ナッシュ均衡（自分から変わろうとすると自分が不利になるので、わかっていても誰も変わろうとしないという均衡状態）と言うことができます。この均衡を超える最初の人間になる気概を持つ必要があるでしょう。

そのためには、「ルールや命令に考えなしに従わないこと（国と教師と親の言うことを鵜呑みにしない）」、「自分でやりたいことを見つけること」、「どうして世界はこうなっているのかを問うこと」そして「人と少し違うやり方をすること」が重要です。常識を疑う上で重要なのは、大勢の意見に反対することではなく、自分の頭で、ゼロベースで「考える」ことです。

まずは、自分が、「考えない」国民を再生産し続ける日本という国家と社会にいることを自覚することが、第一歩となります。この意味で、意識の上で日本社会から「下船」する勇気が強く求められるのです。

「考える」ためには、疑念を持つことが必要であり、疑問を問いに換えて発することが必要です。人との軋轢を恐れてはいけません。誰とでもうまくやっていける（これはウソです）とは、苦境の時に味方はいないということであり、皆が味方であるとは、実は味方はいないということです。味方をつくろうとするよりも、むしろ敵をつくろうとするべきであると言えるでしょう。

最後に、日々の生活のなかで心がけることを挙げておきます。

まずは、何事につけ、

・自分で考え、自分の言葉で自分の意見を言う
意見とは、自分の頭で考え、自分の言葉で言うのが前提です
・すべては自分にかかっている
そもそも正解はないので、決められた路線での100点を狙う必要はなく、自分の創意工夫が発揮できることを面白いと思えるようになる

ことを意識してください。

そして、日々の生活で、

・現実を直視する
・現実から逃避しない
・プライドより自負をもつ
・集中する

ことを心がけてください。
物事にあたって、

・当たり前を当たり前としない
・「これが最良の方法なのだろうか」と問い続ける
・成功体験に固執しない
・何事からでも学べる
・どれだけ恥をかくかが重要である

ことを意識するように心がけてください。

行動するにあたって、

・できないという言い訳を自分にしない
「わからない」という状態に慣れ、それでも結果を出すという意志を持つ
・環境変化に積極的に適応し、自分を変える
自ら機会をつくり、その機会を通して自らを変える
・リスク回避ではなく、リスクテイクのマインドを持つ
・ストレス耐性を付ける
プレッシャーにクラックしない、折れないという心構えを持つ
・減点思考をやめる
失敗したらそれを素直に認め、そこから失敗を上回る
結果を出してやると思う
・選択の自由を維持・拡大する

ことを常に意識するように心がけてください。

最後に当事者意識とは、

- 自分が、ものごとを変え、自分の未来を決めると思う
- 目的を成し遂げるために、自分で考え、知恵を出す
- あらゆる手段を尽くして行動する
- 起きた結果を素直に受け止める
- 言い訳や愚痴を言わない

ということです。

ここに挙げたポイントすべてをいっぺんに身につけることは難しいと思いますが、まずは、日々の生活の中で、これらを一つ一つ意識して心がけることは、大きな一歩です。その意識を持ち続ければ、自然とここに挙げたポイントは、身についてきます。

おわりに

わが子の可能性を広げ「開かれた未来」にするために

変化が加速化し、予見性が低くなる今後の社会においては、「自分の運命は、自分でコントロールするような状態にしておくこと（DNAの二重らせん構造の発見者でノーベル賞受賞者のワトソンの言）」を意識しておくことが非常に重要になります。最新の調査でも、所得や学歴より「自己決定」が幸福度を上げると言っています[*]。そのためにも、強い当事者意識を持つことが必要であり、「評論家」にならないようにしなければなりません。

自分でよりコントロールできるように試みるのですが、その一方で、完全にはコントロールしきれないという現実を理解し、これを受け入れる強さも必要になります。求められるのは、何をするかを考えるだけではなく、それを行動に移すこと、つまり、「企てる」ことから一歩踏み

＊ http://www.kobe-u.ac.jp/research_at_kobe/NEWS/news/2018_08_30_01.html

出して「試みること」です。「完全な企て」よりも「不完全な試み」が重要になります。

そのためには、自分の得意なことに集中するべきですが、その前にそれが将来価値を持つかどうかは真剣に考えた方が良いでしょう。持続的に変化するグローバル化した社会では、将来を予測することは難しいのですが、将来を意識して確率の問題として考えてみることは意味があります。

「現在進行するデジタル・テクノロジの加速化する進歩と融合したグローバル化」は、蒸気機関から電力への転換と同様の大きなパラダイムシフト（社会基盤の変化）と捉えることができます。

蒸気機関から電気への転換が起きた時、蒸気機関の下で成功した企業のほとんどは生き残れませんでした。電気を蒸気機関の割安な代替と認識し、電気の本来の価値を認識できなかったからです。今の教育や社会制度はまさにこの蒸気機関に適合した価値で形成されています。故に、生き残るためには、われわれは、デジタル・テクノロジの真の価値を考える必要があるのです。

これは抜本的な戦略転換です。筆者は、現在の変化を新たな戦略を必要とする100年ぶりの大きなパラダイムシフトと認識しています。コンピュータでいえば、ＯＳの抜本的な変更です。その判断は、読者各自にお任せしますが、少なくともお子さんが生き抜くための戦略は間違えないようにしましょう。今の日本のように、戦略を間違えると、その間違いは戦術では取り返せないからです。読者のお子さんたちは、まさにこの100年ぶりのパラダイムシフトの真っただ中で人生を送るわけです。

100年に一度のパラダイムの大転換を迎えている最中ですので、未来を過去から現在への延長線で捉えることは難しく、未来のことを心配しても意味がありません。そして、不可逆なテクノロジ革新が加速的に進む中で、過ぎ去って戻ることのない過去を振り返っても意味はありません。**重要なのは、今に意識を向けること**です。つまり、**課題発見能力を磨き、目前の課題をとにかく解決するのが先決です。**その課題を解決することにより発生するであろう問題は、それが発生した時に解決すれば良いのです。新たな問題を発生させない問題解決など存在しません。**新たな問題を心配し、「どちらとも言えない難しい問題です」と言って現前の課題解決を放棄することは、現在の日本を象徴する当事者意識の欠如した自己判断の放棄**と言えます。

最後になりますが、歳をとることは、リスクを回避し、可能性が狭まることと同義と一般的には捉えられています。しかし、筆者は、多様化する社会においてリスクテイクの意識を失わなければ、歳をとることは、機会を拡大し、可能性を広げ、失うものよりも得るものが多くなることであると信じたいと思います。

そのためには、日本の主流である「必ず相手とは分かり合える」という希望的言説とは異なる多様な社会の前提を理解する必要があります。つまり、多様性を認めるとは、「分かり合える」ではなく、「分かり合えない」ことを前提において、相互にどこまで分かり合えないかを探り、それを許容することであり、最後まで、相互に分かり合えない部分を少なくするための模索を放棄しないことです。相手の考えを認める、つまり、相手を許容することであることを理解することです。少なくとも、本書の読者とお子さんには、これを肝に銘じて人生を送ってほしいと思います。

本書を書くそもそもの動機は、大学の専任教員となって10年、日々、将来の進路で悩む学生たちと接し、彼らに可能性を提示してくれる「開いた社会」とは何か、彼らをいかに動機づけし、「開いた社会」に向かって第一歩を踏み出してもらうか、そして、「開いた社会」で生き抜くためには何が必要かを示してきたことを集大成する時ではないかと思ったことにあります。

幸いフランスでの長期在外研究中であり、執筆に集中できる環境であったことを感謝しています。フランスという国は、日本のようには、きっちりと物事は進みませんが、ひとたび、そのペースをつかめば、とても暮らしやすい社会であると思います。

細かく言うと、フランスとは、人々が合理的であるが故に社会は非効率です。一方、日本は、社会が効率的であるが故に人々は非合理的です。この「合理的で非効率な国フランス」と「非合理的で効率的な国日本」という対極を経験するのも、日本の当たり前は、どこでも当たり前でもなければ、正しくもないことを再認識する刺激的な経験です。

子供は、現在は日本にいるのですが、若手会社員として、自分の将来をいかにコントロールするかを考え、在宅勤務など、ライフとワークのバランスを積極的に追求しながら、自分のキャリアを考えているようです。

本書を出版するにあたって、フィードバックをくれたゼミ生たち、企業に勤めながら、この議論に関してディスカッションし、コメントをくれた知人たち、そして、中でも、的確なコメントをいただき、校正段階でも大変お世話になった編集者の阿部佳代子氏に、この場をお借りして心より感謝申し上げたいと思います。

2019年3月　トゥールーズの寓居にて

小笠原　泰

小笠原 泰

明治大学国際日本学部教授・トゥールーズ第1大学客員教授。

1957年、鎌倉市生まれ、東京大学文学部卒、
シカゴ大学社会科学大学院国際政治経済学修士・同経営学大学院経営学修士。

マッキンゼー＆カンパニー、フォルクスワーゲンドイツ本社、アグリメジャーである
カーギルミネアポリス本社、同オランダ、イギリス法人勤務を経てNTTデータ経営研究所へ。

同社パートナーを経て2009年4月より現職。

主な著書に『CNC ネットワーク革命』(共著、東洋経済新報社)、

『日本的改革の探究』(日本経済新聞社・現在は日本経済新聞出版社)、

『日本型イノベーションのすすめ』(共著、日本経済新聞出版社)、『なんとなく、日本人』(PHP新書)、

『2050 老人大国の現実』(共著、東洋経済新報社)、『没落する日本 強くなる日本人』(さくら舎)などがある。

Step Out of your comfort zone
わが子を「居心地の悪い場所」に送り出せ
時代に先駆け多様なキャリアから学んだ「体験的サバイバル戦略」

2019年4月16日　第1刷発行

著　　者　小笠原 泰

発 行 者　長坂嘉昭
発 行 所　株式会社プレジデント社
〒102-8641
東京都千代田区平河町2-16-1　平河町森タワー13階
https://president.jp
電話　編集(03)3237-3732　販売(03)3237-3731
装　　丁　寄藤文平＋吉田考宏(文平銀座)
編　　集　阿部佳代子
制　　作　関 結香
販　　売　桂木栄一　高橋徹　川井田美景
森田巌　末吉秀樹　神田泰宏　花坂稔
印刷・製本　凸版印刷株式会社

 ISBN978-4-8334-2317-5　Printed in Japan
落丁・乱丁本はお取替えいたします。